GIGANTES DAS VENDAS 2.0

Táticas e Estratégias dos Melhores Consultores de Vendas para Você Vender Mais

Coordenação: Raul Candeloro

1ª edição

São Paulo, 2016

Copyright© 2016 by Editora Leader
Todos os direitos da primeira edição são reservados à **Editora Leader**

Diretora de projetos: Andréia Roma

Diretor executivo: Alessandro Roma

Projeto gráfico e diagramação: Roberta Regato

Capa: Raul Rangel

Revisão: Miriam Franco Novaes

Apoio editorial: Viviane Valim

Gerente comercial: Liliana Araujo Evangelista

Impressão: Prol Editora Gráfica

**Dados Internacionais de Catalogação na Publicação (CIP)
(Câmara Brasileira do Livro, SP, Brasil)**

Gigantes das vendas : táticas e estratégias dos melhores consultores de vendas para você vender mais / coordenação Raul Candeloro . -- 1. ed. -- São Paulo : Editora Leader, 2016.

Vários autores.
Bibliografia.
ISBN 978-85-66248-38-8

1. Administração de vendas 2. Negociação em vendas 3. Planejamento estratégico 4. Sucesso em vendas 5. Vendas - Técnicas 6. Vendas e vendedores I. Candeloro, Raul.

16-00434   CDD-658.85

Índices para catálogo sistemático:1. Sucesso em vendas : Admistração 658.85

EDITORA LEADER
Rua Nuto Santana, 65, 2º andar, sala 3
Jardim São José, São Paulo - SP / CEP 02970-000
(11) 3991-6136 / andreiaroma@editoraleader.com.br

> "Feliz aquele que transfere o que
> sabe e aprende o que ensina."
> (Cora Coralina)

A Editora Leader agradece a participação dos (as) especialistas convidados (as) para fazer parte desta obra, certa de compartilhar o melhor e mais atual conteúdo para o mercado de trabalho.

Procuramos selecionar destacados (as) profissionais em cada área publicada com foco na qualidade e experiência de cada um.

Desejamos que você, leitor, obtenha ainda mais resultados com este conteúdo, proporcionando crescimento pessoal e profissional.

Andréia Roma
Fundadora e Diretora da Editora Leader

ÍNDICE

Introdução - por Raul Candeloro 6

1. André Ortiz 9
Como vender mais em tempos de crise, em 13 Passos Práticos de Vendas

2. Antonio Quinteros 15
Gatilhos mentais

3. César Frazão 27
Como recuperar clientes inativos

4. Cláudio Tomanini 33
Se não houver vento, reme... Se não tiver o remo, use as mãos, mas não pare!

5. Dalmir Sant'anna 41
Pós-Venda – Ações funcionais para fazer cócegas na sua mente e gerar resultados surpreendentes

6. Eduh Rodrigues 47
O vendedor que encara todas as crises

7. Erik Penna 51
Sete ações para maximizar suas vendas

8. Fábio Fiorini 57
Empresas diferentes sabem dizer "Não"!

9. Fabricio Medeiros 63
Como o vendedor pode melhorar seus resultados?

10. Fernando Lucena 75
Prepare-se para o melhor

11. Guilherme Machado 81
Sete estratégias para persuadir qualquer pessoa

12. Jeremias Oberherr 87
Melhore seu fechamento de vendas e triplique seus resultados

13. João Batista Vilhena 93
Como líderes podem auxiliar na prospecção de clientes

14. João Kepler 99
O que os vendedores tradicionais podem aprender com as startups?

15. Jociandre Barbosa 107
Lucratividade em tempos de crise: como vender mai$ e melhor em tempos difíceis?

16. José Augusto Correa - JAC 113
Planejamento como ferramenta de fechamento em vendas

17. José Ricardo Noronha 117
Como brilhar em vendas na "Era da Experiência"

18. Luiz Gaziri 121
O mundo (das vendas) é plano!

19. Marcelo Baratella 131
Ferramenta de Prospecção: acelerador de oportunidades

20. Marcelo Caetano 143
O representante comercial está morto! Conheça a nova
empresa de representação

21. Marcelo Ortega 149
O Código Genético da Venda transformando vendedores comuns em gigantes

22. Marcos Antonio de Sousa 157
5 C's dos vendedores extraordinários

23. Prof. Menegatti 163
Construindo sua credibilidade em vendas

24. Paulo Araújo 169
Em vendas é preciso ser difícil de imitar

25. Paulo Gerhardt 175
Torne-se um Vendedor Coach

26. Raul Candeloro 179
10 princípios da Alta Performance

27. Ricardo Lemos 185
Influência vendedora

28. Ricardo Ventura 189
Em tempo de crise tire o "s" – três dicas para aumentar a lucratividade!

29. Roberto Recinella 195
Neurocomportamento em vendas

30. Rodrigo Cardoso 201
A melhor maneira de combater objeções

31. Rudson Borges 207
A venda por trás da venda: dicas práticas e fáceis
do Neuromarketing para profissionais de vendas

32. Sergio Ricardo Rocha 213
Elimine o erro fatal das suas vendas

33. Thiago Concer 219
A incrível "bucha" que é ser gerente comercial

34. Valquíria Garske 225
Televendas: vencendo desafios e quebrando paradigmas

35. Wanderley Cintra Júnior 235
O que você entende por vendas B2B?

Introdução

Quando lancei a newsletter Técnicas de Venda, em 1994, nunca imaginei que conheceria tanta gente interessante no mundo das Vendas.

Conheci empresários, conheci diretores, conheci gerentes e supervisores, conheci vendedores e vendedoras do Brasil inteiro, todos com suas próprias histórias de vida e seu jeito único de ser.

Conheci também todos os palestrantes do Brasil e do mundo que falam de alguma forma sobre Vendas e hoje tenho o prazer de apresentar a você os melhores do Brasil aqui neste livro.

Embora fosse já um apaixonado por Vendas e Marketing, no começo da minha carreira só conhecia os grandes nomes de consultores e palestrantes por livros, revistas, vídeos e palestras.

Hoje posso dizer que, com raríssimas exceções, conheço todos os Gigantes das Vendas no Brasil e posso chamá-los de 'amigos'.

Também posso, pela minha experiência internacional, afirmar com 100% de convicção que estamos muito bem representados. Mas muito bem mesmo.

Nossos gigantes brasileiros são gigantes em qualquer lugar, em qualquer país, em qualquer língua.

Temos todos essa missão comum, compartilhada, que é justamente a missão da VendaMais, de fazer com que o Brasil venda melhor.

Permita-me então apresentar rapidamente quem são esses gigantes.

Estes gigantes que estão aqui no livro são, antes de mais nada, VENDEDORES. Pode perguntar para qualquer um deles – vão lhe responder com orgulho.

São também professores, pois ensinam todos os dias.

Mas o mais importante, e provavelmente o principal motivo pelo qual estão nesta lista seleta de expoentes das Vendas, é que têm a humildade e a dedicação de aprender SEMPRE.

Sei porque acompanho os trabalhos de todos eles há anos (é minha função como diretor da VendaMais, afinal de contas). E sempre têm uma novidade, um tema novo, uma forma nova de abordar um assunto já visto, um toque para relembrar assuntos importantes esquecidos, uma palavra energizada, motivadora, positiva, tão necessária nos dias de hoje.

Foi um prazer para mim e para a Andréia Roma, que me ajudou a coordenar este projeto, ler estes artigos. Eu gosto de ler artigos de especialistas sempre com papel e caneta do meu lado, pois sei que sairão boas ideias e gosto de anotar tudo.

Aqui não foi diferente. Em todos os artigos que Andréia e eu revisamos, aprendi algo novo ou relembrei algo importante que com certeza vai me ajudar a melhorar meus resultados, seja como pessoa, como gestor e líder de pessoas, como vendedor.

Sei que o mesmo vai acontecer com você e com todos que lerem e tiverem acesso a este livro.

Com certeza você vai se identificar mais com um autor ou com outro, com alguma ideia ou com outra, mas o segredo é estar sempre aberto para que os textos sirvam de INSPIRAÇÃO.

Guarde este livro porque daqui a dez anos ele vai continuar sendo uma mina de ouro.

Abraço, obrigado e boas vendas.
Raul Candeloro - Diretor da VendaMais

Como vender mais em tempos de crise, em 13 Passos Práticos de Vendas

André Ortiz

Gigantes das Vendas

1

André Ortiz

www.andreortiz.com.br | www.tvdovendedor.com.br

De ex-vendedor de jornal em feira a CEO da IEVOS. Professor convidado nos cursos de MBA da FGV em todo o Brasil; doutorando em Neuromarketing pela Florida Christian University/EUA; mestre stricto sensu em Administração, com mais de 20 anos de experiência de vendas como executivo em empresas como Ambev, Nextel, Claro e HSBC. Autor de 24 DVDs, dois livros, quatro patentes e mais de 600 vídeos de vendas.
Mais de 400 empresas já o contrataram e mais de 2.500.000 pessoas já assistiram a seus vídeos.

Se você trabalha com vendas, certamente sentiu não só no bolso como também nas rodas de conversas das empresas a quantidade de lamúrias, reclamações, desabafos e "mimimis" sobre a atual crise que o Brasil vem passando e que possivelmente ainda vai perdurar por mais um ou dois anos, segundo projeções de economistas e especialistas do mercado.

Pois é, porém, eu aprendi muito cedo que ao acordarmos só temos duas, isso mesmo, duas escolhas a fazer: ou aprender algo novo ou achar um culpado. Infelizmente a maioria dos stakeholders do mercado escolheu ser vítima da situação.

E foi pensando nisto que, de maneira objetiva e bem-humorada, 13 dicas para dar um SHOW DE VENDAS nestes tempos difíceis. Isto mesmo, escolha aprender algo novo e se diferencie de seus concorrentes agora mesmo, vem comigo e brilhe!

Os 13 passos práticos de vendas para vender mais na crise:

1) Prospecte mais! Se está difícil vender em tempos de crise, então mãos à obra. Se pensa que sua carteira de clientes é fiel, pode tirar o cavalinho da chuva, cliente só é fiel enquanto você for a ele. Veja o exemplo das editoras Quantum e Abril. Ambas as editoras prospectam de forma estratégica. A prospecção estratégica, feita tanto de forma demográfica quanto geográfica ou mesmo através de canais de vendas específicos, é de fundamental importância em tempos difíceis. Que tal utilizar-se das redes sociais, ou do telefone, ou via SMS, ou e-mail marketing ou até mesmo a velha e amiga visita pessoal? Pois é, amigo, em tempos difíceis PROSPECTAR É PRECISO!

2) Diminua sua margem de lucro! Se você nunca saboreou uma esfiha do Habib's tome esta iniciativa e vá! Além de ser muito gostosa, ela retrata exatamente o modelo de negócios de vendas desta empresa. Isso mesmo, o Habib's ganha na escala de vendas. Para tanto, há uma diminuição da margem de lucro para que haja uma maximização da receita. Diminuir sua margem de lucro e reavaliar sua rentabilidade é lição básica para tempos de vacas magras.

3) Aumente seu pós-vendas! Você se lembra de ter recebido uma ligação telefônica, ou mesmo um SMS, ou um e-mail daquela concessionária que lhe vendeu um veículo? Isso mesmo, as indústrias automobilísticas juntamente com suas concessionárias possuem esta estratégia certeira para fidelizar seus clientes. Como já sabemos que não existe cliente fiel, e sim você que deve ser fiel a ele, não espere para se diferenciar de seu cliente. Após a venda, automaticamente tenha uma inteligência de marketing e vendas para que o cliente lembre sempre de você. Joe Girard, considerado o maior vendedor do mundo, trabalhou em uma concessionária norte-americana de Detroit, nos EUA, e fazia do pós-vendas sua principal marca registrada. Ele simplesmente enviava manualmente um cartão parabenizando todos os seus clientes. Lembre-se, pós-vendas é tarefa da empresa e também do vendedor viu?, pois pós-vendas nada mais é do que a pré-venda de uma próxima venda, pense nisso e AJA!

4) Crie combos promocionais! Você sabia que o McDonald's é o lugar onde mais se vende batata frita no mundo? Ah, André, mas o McDonald's não é o maior produtor de batatas... ok... mas é o que mais oferece a mesma no mundo!!! Isso mesmo, ofereça combos. Crie kits promocionais; encante seu cliente através de uma up selling ou cross-selling, mas pare de reclamar, e use e abuse de seu showroom, mas de forma criativa!

5) Aprenda com os seus concorrentes! Se há uma coisa que a Apple e a Samsung têm em comum é estudar uma a outra. Isso mesmo, uma constantemente aprende com a outra. Concorrentes são excelentes métricas e variáveis para medir sua performance. Não estou dizendo para você ficar engessado às estratégias de seus concorrentes, mas sim, através de uma análise SWOT/FOFA, comparar seus pontos fortes e fracos, detectando assim as oportunidades e ameaças estratégicas em face dos seus concorrentes! Compare já e estruture um plano de ação imediatamente!

6) Visite grandes clientes, não tenha medo! Em tempos difíceis você sabia que as grandes empresas também buscam novos fornecedores, justamente para diminuir seus custos fixos e variáveis? Pois é, então não tenha medo de visitar grandes empresas e oferecer seus produtos e serviços. A gigante Locaweb começou pequeno e hoje é detentora da administração de servidores das maiores empresas do Brasil, sabia? Portanto, autoconfiança e A.T.I.T.U.D.E!!!

7) Diversifique seus canais de vendas! Você se lembra de quantos lugares você foi onde havia a disponibilidade de um refrigerante Coca-Cola? Uau, a Coca-Cola é um exemplo clássico de sucesso em distribuição em pontos de vendas. Chegou a hora de você repensar seu P de Praça. A tendência OMNI-CHANNEL veio para ficar! Ter vendas em multicanais faz parte hoje do encantamento de clientes. Portanto, se você só atua em uma frente de vendas, chegou a hora de repensar seus canais, pesquise analiticamente onde seus clientes desejam lhe achar, e implementar novos canais urgente!

8) Foque em um nicho específico e encante-o! Conheça seu nicho de mercado como ninguém. A rede de restaurantes Madero, de Curitiba, está dando uma verdadeira aula de foco em um único avatar. Para os apaixonados por hambúrguer e carnes vermelhas, esta rede é um deleite. Quem tenta vender para todos não vende para ninguém. Portanto, conheça como ninguém o perfil de seu cliente e crie produtos exclusivos para eles. Eles certamente lembrarão sempre de você e lhe indicarão para os amigos deles, acredite!

9) Estique seus planos de pagamentos! Como pagamento à vista é coisa rara ultimamente, então não há como fugir. Repensar e esticar os planos de pagamento é lição sine qua non para os gestores de vendas focados em resultados. Veja o exemplo das empresas de seguro como Sulamerica, Porto Seguro e Bradesco Seguros, todas desenvolveram condições de pagamentos extremamente flexíveis para que os segurados possam se adequar, e parcelar em 3, 6, 9, 12 ou até em 24 vezes, portanto, estique já seus planos de pagamento, ou perca venda... a escolha é sua!

10) Renegocie com seus fornecedores! Nunca tantos contratos foram tão renegociados quanto nos últimos tempos. Em tempos de crise, visite urgentemente seus stakeholders para tomar um cafezinho e renegociar seus boletos e contratos. De duas uma: ou renegocia ou deixa de pagar, o que será mais vantajoso ao seu fornecedor, hein?

11) Revise seus impostos, se reúna urgente com seu controller ou financeiro! Se está difícil ganhar dinheiro vendendo, que tal então realizar um pente fino em suas finanças? Muitas vezes, na correria do ano, muitas taxas, impostos e tributos podem ter sido feitos em duplicidade. Reavalie suas contas e procure pelo em ovo, você pode se surpreender em relação à Receita Federal, vai que ao invés de pelo em ovo uma verdadeira peruca de pelos estava lhe aguardando?

12) Reduza seus custos! Há somente duas formas de ganhar dinheiro em tempos difíceis: ou vendendo, ou reduzindo custos! O exemplo do Wal-

-Mart é clássico no que tange a isso. O fundador Sam Walton é perito em reduzir custos, e não é à toa que esta empresa é referência mundial no tocante ao enxugamento de gastos. Mas André, minha empresa é pequena, não sou como o Wal-Mart. Não interessa! Independentemente do tamanho de sua empresa, REDUZA o quanto puder custos e despesas, trabalhe apenas com o necessário e nada de supérfluos ou caprichos, e olha que esta dica serve também para casais viu?... rs...

13) Seja criativo, reinvente-se! Por que será que mesmo em tempos de crise o Google, o Facebook, a Apple, a 3M, a IBM estão lucrando no Brasil, hein? Resposta única: CRIATIVIDADE E INOVAÇÃO! O velho adágio popular "enquanto uns choram, outros vendem lenço" é perfeito para esta última dica. Reinventar-se é a única forma de você se diferenciar de sua concorrência. Repensar processos, ser criativo em promoções, se unir a novos parceiros ou mesmo retirar ou criar produtos do seu portfólio só são algumas das várias estratégias, táticas e planos de ações diários para se diferenciar e ter vantagens competitivas. Muitas empresas do varejo neste momento estão focando no investimento de promotores nos pontos de vendas, que tal? Se lhe serve, mãos à obra!

Além destas 13 dicas, há também mais de 1.000 outras dicas, isso mesmo!

— Nossa, André, então cite todas.

— Desculpe-me, mas eu não consigo, pois todas estas outras eu mesmo quero aprender contigo. Você consegue, é só pensar, planejar e agir. E lembre-se, para andar 1.000 km basta dar o primeiro passo...

Crise? Tire o "s" urgente! CRIE!

Agora pare de ler este artigo e vá vender, vai. Deixe o mundo ver o brilho no seu olho!

André Ortiz, o eterno professor aprendiz!

Gatilhos mentais

Antonio Quinteros

Gigantes das Vendas 2

Antonio Quinteros

(51) 3325.5204 / antonio.quinteros@solbiz.com.br

Consultor, palestrantre e Coach Empresarial formado em Engenharia de Software pela Universidade de Chile, Ph.D. em Ciências da Computação pela Universidade de Tampa, Flórida, USA.

Pós-graduado, em 2002, em Marketing e Vendas pela FGV e em Gestão de Negócios, em 2009. Certificação Internacional em 2011 pelo instituto Brasileiro de Coaching como Professional & Self Coaching.

Foi até 1994 CIO de empresas médias e grandes da região metropolitana de Porto Alegre, RS. Participou ativamente de atividades acadêmicas até 2007.

É empresário fundador da ADVN Consultoria e Sistemas de Informação Ltda., empresa especializada em CRM, ganhadora do Destaque Gaúcho 2010, em tecnologia, PGQP e Certificada ISO9001 em Serviços.

Especializações: MBA em Marketing e Vendas em 2000, MBA em Gestão 2008.

Noto diariamente quando treino turmas de vendedores, em palestras ou cursos em empresas de qualquer ramo, que a grande maioria não domina nada de comunicação persuasiva. A persuasão até muito pouco tempo era vista como algo que manipula as pessoas, mas na realidade nosso cliente precisa ser "ativado" para tomar a decisão, se você não usar uma linguagem persuasiva ele vai demorar muito para tomá-la.

Esta comunicação persuasiva está baseada nos gatilhos mentais, os quais foram melhor definidos e explicados a partir da teoria dos três cérebros: reptiliano primata (que nos mantém vivos), límbico (sentimentos), neocórtex (é o mais novo e menor a lógica). A venda em si não é racional, para facilitar o caminho do cliente, devemos usar gatilhos mentais. Veja a seguir um resumo dos principais e como aplicar:

- **GATILHO DA ESCASSEZ:** a pessoa fica desesperada para comprar ou realizar a ação porque são poucas oportunidades. Só posso usar quando o cliente tem certa confiança em mim, aí posso argumentar "só hoje, para você, este desconto".

- **GATILHO DO PORQUÊ:** dê um motivo para o que você faz. Exemplo: "Criei esse curso porque quero te ajudar a aprender inglês em pouco tempo sem gastar uma fortuna!"

- **GATILHO DA PROVA:** dê provas concretas daquilo que você diz. Embase suas afirmações com estudos e dados estatísticos. Exemplo: "Segundo um estudo realizado pela Oxford University (...)".

- **GATILHO DA PROVA SOCIAL:** é aquela conferida pelas outras pessoas, seja através de filas, depoimentos, comentários etc. Exemplo: campanhas publicitárias que utilizam famosos para falar do produto ou apenas para usá-lo em público.

- **GATILHO DA URGÊNCIA:** parecido com o da Escassez, a urgência faz com que a pessoa queira logo a ação porque o tempo é curto. Geralmente ativado através de um prazo determinado ou de um contador na página que mostre o tempo restante para o final da oferta.

- **GATILHO DA AUTORIDADE:** Aqui você fala sobre todas as coisas que fez que demonstrem seu conhecimento no assunto, sejam cursos, graduações, mestrados, doutorados, entrevistas, programas ou sites conhecidos etc. Exemplo: "Sou formado pela Harvard University e criador do blog X, que recebe Y visitas por dia".

- **Gatilho da Reciprocidade:** aqui vale a máxima "Gentileza gera gentileza". Quando você entrega algo de valor às pessoas, que realmente as ajuda em alguma coisa, elas se sentem na obrigação de retribuir.

- **Gatilho da Antecipação:** é quando você "prepara o terreno" para seu produto. Você dá a entender que tem algo novo surgindo, mas não diz o que é, ou mostra apenas parcialmente.

- **Gatilho da Novidade:** novidades trazem a ideia de que problemas serão resolvidos. Nosso cérebro adora as novidades. Inovação, essa é a palavra.

- **Gatilho Dor x Prazer:** as pessoas são mais motivadas a eliminar dores do que buscar satisfação, mesmo que o resultado seja igual. Tenha presente sempre que o ser humano foge da dor e se acerca do prazer, entenda nas suas perguntas qual é a dor que quer curar.

- **Gatilho da História:** contar e ouvir histórias são atos quase tão antigos quanto a própria humanidade. Quando alguém nos conta uma história, ficamos curiosos, nos identificamos com os personagens. Ninguém resiste a uma boa história, ela pode ser sua ou de um cliente que se beneficiou com seu produto.

- **Gatilho da Simplicidade:** aqui a pedida é manter a solução simples e objetiva. As pessoas querem que o método empregado para atingir um resultado seja simples, que saibam como fazer e entendam como funciona. Simplificar não significa ser simplório.

- **Gatilho da Referência:** a referência é quando você coloca seu produto/serviço em comparação com outro, ou diferentes pacotes de preço, que façam sua opção favorita parecer mais atraente para as pessoas. Exemplo: cenário 1 - tem pacote 1 por 30, pacote 2 por 60 e pacotes 2+3 por 60. Cenário 2 - tem pacote 1 por 30 e pacotes 2+3 por 60. No cenário 1, a maioria das pessoas escolhe "pacotes 2+3 por 60" pois, em comparação com o pacote 2, sente que está fazendo uma baita economia. Já no cenário 2, a maioria das pessoas escolhe o pacote 1, pois em comparação com o pacote 2+3 ele parece mais barato.

- **Gatilho da Curiosidade:** com esse gatilho, você faz as pessoas se perguntarem o que é que você está mostrando, como funciona, pra que serve e/ou como conseguir. Exemplo: coloque um grande botão vermelho no seu site e não diga para onde ele leva. Linke-o a uma página de vendas e observe os cliques!

- **Gatilho do Inimigo Comum:** Quando você se une ao seu público para lutar contra um inimigo em comum, as pessoas imediatamente passam a gostar mais de você. Exemplo: culpar multinacionais, o governo, a indústria alimentícia, a falta de tempo e outras coisas. Você deve se unir a ele e combater o inimigo comum, a crise, mas como você tem experiência e soluções para isto, a vida para seu cliente será mais fácil.

- **Gatilho da Surpresa:** é quando você entrega mais do que a pessoa estava esperando, ou quando a surpreende de alguma forma. Exemplo: uma propaganda de vinho falando das qualidades do produto como se fosse um remédio, para apenas depois mostrar que é uma bebida alcoólica.

Use o contraste para mostrar as qualidades de seu produto ou serviço

Agora vamos falar de um Atalho Mental muito legal, é o Contraste. Você já notou que quando comparamos algo ruim com outra coisa um pouco melhor essa segunda opção parece ser excelente?

Esse é o nosso cérebro trabalhando para encontrar diferenças e de alguma forma ele aumenta o valor percebido do que é bom, fazendo-o se tornar excelente quando comparado a algo muito ruim.

Já notou também como fica mais fácil chegar a um determinado valor em uma negociação quando se joga o valor lá em cima?

Em nosso meio, podemos aplicar o Contraste muito facilmente, para que nosso cliente perceba muito valor em nossa proposta: em um lançamento de um curso ou treinamento, devemos dar alguns bônus, os quais devem ser precificados e ultrapassar o próprio preço do curso. A ideia é fazer o cliente ter a nítida impressão de que está fazendo um supernegócio.

Quase acabando!
Como usar esse atalho mental para vender

Esse é o terceiro Atalho Mental da nossa série "Quase Acabando" ou "Escassez". Você já deve ter visto aquelas propagandas de empresas que vendem móveis na TV do tipo "É Só Amanhã" ou "Enquanto Durarem os Estoques". Se você disser que a promoção acaba no próximo final de semana ou que são as últimas peças à venda, mais clientes baterão à sua porta.

Esse Atalho Mental da Escassez influencia também no preço, afinal, tudo que é escasso é mais caro. Esse atalho se confunde com a famosa Lei da Oferta e Procura ou Lei da Oferta e da Demanda. Mas preste atenção: o Gatilho da Escassez ou urgência só pode e deve ser usado após a compra do produto ou serviço ter acontecido na cabeça do cliente. O uso deste gatilho é para o cliente não deixar para outro dia e sim executar a compra agora.

Venda persuasiva: gentileza gera gentileza

Veremos o primeiro dos cinco principais gatilhos mentais da venda persuasiva para que você adapte a seu negócio e comece a aplicar já:

Gentileza gera Gentileza! Com esse Gatilho Mental você pode iniciar sua lista de e-mails ou de relacionamentos e construir o seu verdadeiro ativo.

A reciprocidade é uma virtude inerente ao ser humano. "Tudo o que damos ao universo ele nos oferece de volta." O conceito é mais ou menos esse, por este motivo sempre ofereça testes, versões gratuitas, brindes, degustações.

Com certeza, seu futuro cliente vai ficar com aquele gostinho de "quero mais" e quando você tiver algo de valor para oferecer não será mais o seu seguidor e sim um cliente satisfeito.

Mas como usar isso no ambiente de venda persuasiva?

Um recurso que mais converte hoje os leads ou visitantes do seu site em clientes, em vendas, é a criação de relacionamento através de vídeos ou e-mails com conteúdo. E como construir uma lista de e-mails com potenciais clientes?

Ofereça uma recompensa.

Não faça apenas vendas, não venda nada inicialmente, entregue valor, as pessoas costumam ser gratas e recíprocas quando ajudadas.

Aumente a probabilidade de receber um sim em 347%

Será que é possível aumentar a probabilidade de uma pessoa dar um sim para você em 347%? Somente adicionando uma pergunta simples? Em 1960, dois pesquisadores provaram que isto é possível e é este experimento que vou te contar agora para que use de forma imediata nas tuas vendas e negociações.

Basicamente o experimento consistia em vestir-se de voluntários e bater em várias casas de uma vizinhança no sul da Califórnia, e quando as pessoas atendiam eles faziam uma solicitação ou licença para colocar uma placa sinalizadora na frente da casa, para o proprietário ter uma melhor ideia, ele mostrava a foto de uma casa com uma placa sinalizadora enorme que praticamente tapava toda a casa. Esta solicitação era muito irracional, só 17% das pessoas diziam SIM. Um segundo grupo de pessoas, muito parecido ao primeiro, fez a mesma pergunta, mostrou a mesma foto, e 76% pessoas disseram SIM, como pode ver, temos um aumento de 347%.

A diferença foi uma pergunta simples, feita duas semanas antes. O segundo grupo duas semanas antes foi visitado por outro pesquisador que bateu à porta dos proprietários desse grupo e perguntou: "Será que consigo colocar este pequenino sinal?" E mostrou uma foto de um sinal de uns 10 centímetros, e nele estava escrito algo parecido ao que estava no sinal de duas semanas depois e, como este pedido era algo bem razoável, bom para a vizinhança, a maioria das pessoas disse SIM.

Mas por que isto aconteceu? Alguns estudiosos explicam isto através do gatilho mental da consistência, em linhas bem simples, a gente não tem tempo de processar todas as informações para tomar milhões de decisões que estamos tomando todo o tempo, logo o cérebro humano recorre a decisões passadas, para tomar as decisões agora.

Em realidade o que o pesquisador fez foi pré-lançar esse pedido duas semanas antes, só acionando dois gatilhos ele já conseguiu um aumento de 347%.

VOCÊ QUER UM SIM COMO RESPOSTA?

Será que é possível você aumentar a probabilidade de receber um SIM, para uma oferta feita por você, de 51% a 96%, simplesmente adicionando algumas palavras simples? A resposta é SIM.

Em 1978, uma pesquisadora e cientista da Universidade de Harvard chamada Ellen Langer provou isto através de uma experiência.

Em uma universidade onde tinha uma fila para fazer fotocópias, ela queria calcular a probabilidade de alguém deixar uma pessoa furar a fila. Então ela fez um colaborador que participava da experiência pedir para furar a fila, de três formas diferentes:

1ª) "Opa, eu tenho cinco páginas para fazer cópias, posso furar a fila?", simplesmente assim.

2ª) "Opa, eu tenho cinco páginas para fazer cópias, porque simplesmente eu quero fazer cópias".

3ª) "Opa, eu tenho cinco páginas para fazer cópias, será que eu posso furar a fila, porque estou com pressa?"

Bom, você deve ter percebido que na primeira forma ela não deu nenhuma desculpa, na segunda ela deu uma razão, e na terceira também. Estes resultados foram incríveis, na primeira, simplesmente quando a pessoa pedia para furar a fila, 60% das pessoas deixaram passar na frente, nada mal, certo? Na segunda e terceira, onde o colaborador dava uma razão, 93% a 94% das pessoas deixaram passar na frente. Agora vem a sacada: isso deve ter acontecido porque o número de cópias era pequeno. Bom, então se repetiu a experiência com um número maior de cópias (20), o discurso permaneceu inalterado.

Os resultados nesta segunda pesquisa foram um pouco diferentes: na primeira forma só 23% deixaram passar na frente, afinal não eram cinco e sim 20 cópias. Na segunda alternativa, onde se dá uma razão, digamos assim meia boca, os mesmos 23% deixaram passar, então não teve diferença entre não dar uma razão e dar uma razão meia boca.

Na terceira opção 42% das pessoas o deixaram furar a fila, por volta de 90% de aumento na probabilidade de as pessoas dizerem sim. Não importa se você é um mendigo pedindo dinheiro na rua ou um milionário tentando fechar uma parceria, se você usar o GATILHO MENTAL DA RAZÃO vai aumentar a probabilidade de alguém dizer sim para você.

Como vender para o cérebro de teu cliente

Quero compartilhar com você algumas dicas de vendas que pode aplicar imediatamente, são Neurodicas, de aplicação imediata para que venda ao inconsciente de seu cliente, na realidade é ele que toma a decisão de compra (95%) e não seu consciente.

1. **Melhor para o Cérebro** - O cérebro se sente muito melhor quando falamos ou anunciamos "não perca esta oportunidade", do que "aproveite esta oportunidade". Para o cérebro reptiliano, que é o responsável pela compra, subtrair e perder é a mesma coisa: "Neste momento prefere comer um iogurte com 5% de gordura ou 95% livre de gordura?"

2. **Entender o Cliente** - É fundamental que coloque o cliente no centro da questão e não o produto; recomendo que você estude mais sobre sociologia que de vendas.

3. **Conhecer os Canais Sensoriais de seus Clientes** - A maior parte de seus clientes é visual, para ser mais preciso, em torno de 50%, sinestésicos (sensoriais), aqui temos olfato, tato e gosto, em 40%, e auditivos em 10%. Se quer se comunicar melhor e criar sincronismo com seu cliente descubra o canal sensorial que predomina nele.

4. **Preste Atenção Naquilo em que Ninguém Presta Atenção** - Se faz isso, só você vai saber o que ninguém sabe a respeito de seu cliente. Ele é canhoto? Usa aliança, solteiro ou casado? Fotos de carros, motos ou família? Quando for fazer a apresentação de seu produto ou serviço, inicie pelo canal sensorial mais forte que descobriu em seu cliente em potencial.

5. **A Primeira Impressão é a que Fica** - Nunca fale dos concorrentes, posicionar na mente do cliente um determinado produto ou serviço de maneira negativa também é posicionar. Lembre-se de que vendemos emoções e o cliente compra impressões.

6. **A Palavra Grátis** - Esta palavra faz com que teu cliente não questione seu preço, sabemos que seu serviço ou produto não vai ser grátis, mas ao incluir esta palavra no teu discurso gera uma percepção de valor na mente do consumidor superalta.

7. **O Cliente Compra um Pedaço do Vendedor** - Se você é capaz de "ver o cliente com os olhos do comprador", poderá vender ao cliente o que ele quer comprar. É chave do sucesso que você coma e viva como ele.

8. **Conheça Mais de Clientes que de Negócio** - Um dos grandes bilionários norte-americanos, Richard Branson, diz que você deve conectar-se com as emoções dos clientes: não fale mais frases como Mais Barato, Mais Forte, Mais Branco, o que você necessita é saber absolutamente tudo de seus clientes.

9. Rapport - Você tem que se colocar no lugar da outra pessoa, digamos que converse com o espelho, sintonizando o ritmo do corpo, da fala, velocidade da gesticulação, entre outros, porque esta ação desativa a ÍNSULA CEREBRAL, estrutura responsável pelo ódio aos preços altos, e ativa o NÚCLEO ACCUMBENS, relacionado com a ansiedade e responsável pelo sistema de recompensa.

15 DICAS DE NEUROVENDAS QUE IRÃO TE AJUDAR A VENDER MUITO

Como muitas vezes você vai escutar este jargão já ultrapassado, mas extremamente moderno "Somos todos vendedores", decidi, inspirado em estudos de NEUROVENDAS, compartilhar com você 15 dicas surpreendentes que vão te ajudar a vender de forma muito mais efetiva.

1. Promoção 3 x 2 - A promoção 3 pelo preço de 2 é muito mais poderosa que 50% de desconto, ainda não se descobriu porque isto funciona desta forma no cérebro humano.

2. Simplicidade Homem - Mulheres não compram tecnologia, então, se está vendendo a um homem, coloque muitas opções e, se está vendendo para uma mulher, coloque duas opções.

3. Simplicidade Mulher - Se está vendendo sapatos, coloque três opções para um homem e 30 para uma mulher, e tente descobrir que tipo de mulher ela está se sentindo.

4. Vender Sem Vender - O cérebro humano bloqueia os vendedores charlatães.

5. O Cérebro Ama o Número 3 - Ainda não existe uma explicação científica para isto, mas funciona, por exemplo, você colocar três produtos juntos para o cliente escolher.

6. Fale Menos e Escute Mais - Passou a era do vendedor papagaio, o poder de decisão está com o cliente, quando ele chega a você 65% de opção de compra já está feita. Você não vende nada, você tem as soluções aos problemas deles.

7. O Cérebro Ama o Você - O cérebro de seu cliente, assim como o seu e o meu, amam escutar o "você", amam escutar o seu nome, e para melhorar faça perguntas logo em seguida.

8. Mulheres Falam Três Vezes Mais que os Homens - Isto não é brincadeira e já está explicado, as mulheres são as responsáveis por nos educar e nos mostrar o universo. Agora, se é mulher e está vendendo a um homem, fale três vezes menos e se você é homem e está vendendo a uma mulher fale três vezes mais.

9. Medo Vende - Tudo o que compramos, o compramos por medo. Você deve estar pensando "tem gente que compra por status", não, é por medo de perder a posição social.

10. Cliente Tem Que Perguntar - Se o cliente não faz pergunta, por favor incentive-o, desta forma o cliente está conectado com você.

11. Para Vender Tem Que Se Conectar – Sim, para vender você tem que se conectar emocionalmente com o cérebro de seu cliente.

12. Fidelizar - Esta palavra já virou jargão, mas não vejo ninguém repassando uma receita clara e objetiva, aqui vai a minha, muito simples: "A melhor forma é ajudando seu cliente a resolver problemas e desta forma fazendo sua vida muito mais fácil".

13. Vendedor Que Vende - É aquele que escuta, vê e analisa e entende seus clientes, quem sabe você já não aplica e foca fortemente nesta dica com este número da sorte.

14. Homens Não Compram Beleza - Sim, só queremos nos sentir muito bem e confortáveis, independente da estética e da beleza.

15. A Compra é Irracional - 85% do processo de decisão reside no subconsciente e é irracional, por este motivo devemos sempre antes de qualquer venda ou abordagem chamar a atenção de nosso cliente, depois despertar o desejo e dar o comando de compra, sim, o cérebro responde a comandos.

Agora quero que se anime a colocar tudo isto em prática, independente do tipo de venda que pratique, só deve adequar a sua necessidade, o conhecimento já o tem, e nunca esqueça de que um bom vendedor é aquele que tem a capacidade de gerar valor às pessoas.

Vai lá, aplique este conhecimento e sucesso!!!

Como recuperar clientes inativos

César Frazão

Gigantes das Vendas

3

César Frazão

(11) 5575-7314 / cesarfrazao@cesarfrazao.com.br / www.cesarfrazao.com.br

É palestrante internacional e treinador de grandes equipes de vendas. Proferiu centenas de palestras de vendas e motivação nas maiores empresas do Brasil.

Autor de 11 livros, 20 DVDs de treinamentos e centenas de artigos publicados, é apontado pelo meio empresarial como uma das maiores autoridades da atualidade, quando o assunto é técnicas de vendas.

Possui especialização em treinamento de vendedores para mercados altamente competitivos pela Bell South – Atlanta, EUA, formando vários vendedores
campeões em vendas.

Criador do exclusivo método de avaliação Frazão® e do inovador processo para recrutamento e seleção de vendedores. Realiza aconselhamentos a empresários, para orientação na formação e reciclagem de equipes de vendas.

Pelo que temos acompanhado nos jornais e em conversas com empresários, as vendas parecem que não estão tão bem assim em alguns setores. A previsão é de um ano fraco, abaixo da média, a indústria com pouco fôlego, índices altos de endividamento da população e um cenário econômico retraído. Não estou falando que estamos em crise, hein?! Apenas dizendo que o momento é delicado. Com isso, será difícil conquistar novos clientes.

Por isso, a recuperação de clientes inativos é uma ótima saída em tempos duros. Vamos lá!

Toda empresa com um mínimo de organização tem uma listagem, relação, cópias de notas fiscais, contratos, banco de dados, enfim, não importa o nome, de ex-clientes que compraram um dia e hoje não estão comprando mais. Talvez não estejam comprando de você, mas certamente estão comprando de alguém, onde você não estiver algum concorrente estará lá vendendo. E temos que recuperar essa venda de volta para nós.

Existe também outro grupo que são os quase clientes que fizeram cotação, solicitaram orçamentos um dia, mas não fecharam por algum motivo. Essa lista de potenciais clientes vale ouro, deve ser tratada como um copo com água no deserto. Ora, se ele um dia entrou em contato é porque teve o real interesse em comprar de você, mas por algum detalhe, algum motivo, não deu certo. O fato é que as coisas mudam, as pessoas e empresas evoluem e hoje estão em momentos diferentes.

O vendedor não pode ter paradigmas do tipo: "Ele não comprou então não comprará agora", "Ele nunca compra" etc. Deixe esse pessimismo de lado, o que não deu certo antes pode ser que dê agora! Talvez o cliente não tivesse dinheiro suficiente naquela ocasião e hoje já tem! Talvez ele não precisasse tanto do que você vende no passado e hoje está desesperado precisando do seu produto ou serviço. Enfim, não é porque não deu certo ontem que não dará certo hoje. Se oferecer, vende!

Agora que você já está enxergando melhor esta oportunidade de ganho, vamos mostrar COMO resgatar este cliente perdido. As três formas práticas e com resultados imediatos em suas vendas são:

1ª) VISITA DE RELACIONAMENTO - Você pode organizar um roteiro com várias visitas a ex-clientes ou encaixar em seu roteiro de vendas estes ex-clientes e visitá-los sem compromisso, apenas para saber como vão as coisas, se está tudo bem, e se puder leve um brinde a ele. Geralmente essas visitas são amigáveis e despretensiosas e justamente por isso muitas vezes resultam em um pedido de vendas.

2ª) LIGAÇÃO TELEFÔNICA - O esquema é o mesmo que o da visita de relacionamento, só que feito por telefone. É uma opção muito boa para os ex-clientes de menor potencial que compraram um pequeno valor.

3ª) E-MAIL DE RECUPERAÇÃO - Esta é a mais barata das opções, rápida, simples e pode gerar um extraordinário resultado. Veja o modelo que damos como sugestão ou inspiração para você criar seu próprio modelo:

"Gostaria de me apresentar como responsável por sua conta e queria ter a oportunidade de encontrá-lo em breve para discutir como poderíamos trazer sua empresa de volta como nosso cliente, melhorando o serviço que oferecemos. Fiquei muito preocupado em saber que sua empresa não deseja mais comprar de nós.

Deixe-me atualizá-lo em relação ao que está acontecendo na empresa. Concluímos uma fase de atualizações e melhorias e hoje podemos atendê-lo com maior rapidez e eficácia. Além disso, nosso pessoal passou por um bom treinamento, de modo que esperamos que você perceba a diferença caso nos procure outra vez.

Mas o que realmente importa agora é analisarmos suas necessidades e descobrirmos por que vocês pararam de trabalhar conosco. Foi por causa da entrega? Política de descontos? Dificuldade na comunicação conosco? Algum erro nosso?

Se tiver alguma dificuldade ou algo que queira discutir, este é o momento ideal. Estarei pessoalmente assumindo a responsabilidade pela sua empresa, assim terei a certeza de que tudo caminhará conforme combinamos.

Nós valorizamos o antigo relacionamento de trabalho com sua empresa e gostaríamos de ter uma nova oportunidade, tenho certeza que notará a diferença.

Entrarei em contato em breve para mostrar as novidades e marcarmos uma rápida reunião."

Faça uma boa diagramação, capriche no visual e mexa-se, ataque o mercado em 2015.

Além das estratégias que mostramos aqui, é muito importante, talvez até seja mais importante que a própria estratégia em si, a sua postura mental. Manter a fé, acreditando sempre em seu trabalho, nos dias melhores, imaginando cenários positivos, clientes comprando e sonhos se realizando em sua mente. É fundamental crer para o resultado acontecer.

Afaste-se de pessoas negativas, pessimistas e fofoqueiras, ande com gente positiva, pessoas do bem, e mantenha-se sempre blindado contra crises e comentários ruins.

Tenho certeza de que você colherá muitos frutos este ano enquanto outros ficarão se lamentando e botando a culpa na economia.

BOAS VENDAS E SUCESSO!

Se não houver vento, reme...
Se não tiver o remo, use as mãos, mas não pare!

Cláudio Tomanini

Gigantes das Vendas

4

CLÁUDIO TOMANINI

(11) 99634-0918 / 5052-2923 / contato@tomanini.com.br / www.tomanini.com.br

Professor de MBA da Fundação Getúlio Vargas, palestrante e autor do livro "Venda Muito Mais" (Editora Gente, 2012).
Considerado um dos 50 gigantes das vendas no Brasil pela "Venda Mais", tem mais de 25 anos de experiência nas áreas de vendas e marketing. Atuou em empresas como Johnson & Johnson, ADP Systems, Grupo Verdi e VR. Contribui com artigos e entrevistas para diversos portais e revistas; possui uma peculiar visão do mercado, criando novos conceitos e desenvolvendo soluções, utilizadas e adaptadas por diversas empresas e outros consultores ou palestrantes.

Remar não significa só fazer, movimentar os braços, mas saber para onde ir e o porquê de ir.

Estamos vivendo um ano diferente de outros, mas não é surpresa nada disso. Sabíamos que a demanda reprimida, facilidade de crédito e infelizmente muitos atendedores ao invés de profissionais de vendas nos levariam a isso.

Mas aqui vale uma rápida história para entender porque muitos empresários ainda resistem em buscar profissionais empenhados, treinar, desenvolver, capacitar.

Desde o início dos tempos o ser humano convive com crises. Situações adversas não são novidade para nenhum povo, e todas as nações, em maior ou menor grau, já sentiram o peso de ter de administrar adversidades. Em certas épocas, nações inteiras foram privadas dos valores mais básicos, por imposição de outros povos, ou por guerras intermináveis.

Pode-se afirmar que o ser humano, em sua breve passagem pelo universo, já tem muito o que contar. Já sobreviveu a muitas catástrofes e acumulou alguma experiência. Um balanço dos últimos 2.000 anos mostra um punhado de guerras, batalhas e lutas travadas nos mais diferentes campos, sobre os mais diferentes assuntos e com os mais diferentes propósitos.

As grandes crises pelas quais passou a humanidade deram aos habitantes da Terra experiência suficiente para perceber que o mundo é rico em oportunidades e ameaças e que está em nossas mãos o poder de mudar, de fazer acontecer, de criar diferenciais capazes de transformar situações adversas em grandes oportunidades.

Um retrospecto dos últimos 300 anos, para não irmos muito longe, mostra que nós, seres humanos, fomos protagonistas de momentos históricos que alteraram o rumo das coisas, que impuseram uma nova ordem econômica, social e política a grande parte da humanidade. Aqueles que não viveram intensamente estes momentos com certeza foram influenciados por eles.

Desde a Revolução Francesa em 1789 até os dias atuais, grandes ideias surgiram em momentos de grandes incertezas. A necessidade é a mãe da invenção, e vem provando isso através dos tempos.

Durante a segunda guerra mundial, a fábrica da Coca-Cola na Alemanha deixou de receber o xarope para fazer o refrigerante. Teve que se virar com o que tinha à mão. Foi criada a Fanta, que depois conquistou o mundo.

No período da grande depressão, no início dos anos 30, um vendedor de Nova York não conseguia vender suas enciclopédias, decidiu então oferecer um perfume como brinde. Fez tanto sucesso que ele decidiu largar as enciclopédias e vender só perfume. Foi assim que surgiu a Avon.

No começo do século XX uma pequena fábrica de motores de avião juntou-se com outra que produzia pequenos aeroplanos, dando origem à Bayersiche Motoren Werke - Fábrica de Motores da Baviera – ou BMW. Por ocasião do término da primeira guerra mundial foi firmado o Tratado de Versalhes entre a Alemanha e as potências aliadas. O documento impunha duras restrições à nação derrotada e a proibição de a BMW continuar fazendo motores de avião. A empresa passou a produzir freios de ar comprimido para trens, sendo que o seu primeiro carro foi fabricado somente em 1928.

As situações adversas na economia são chamadas de recessões. São cíclicas, dizem alguns economistas, mas o fato é que se analisarmos a história recente da humanidade pode-se constatar que o lugar ocupado hoje pelos Estados Unidos, como a maior potência global, era desempenhado séculos atrás pela Inglaterra e, antes ainda, pela supremacia das potências navais da Península Ibérica. Os Estados Unidos são atualmente o que Roma (Império Romano) significava há pouco mais de 2.000 anos.

O mundo mudou bastante, e é muito pouco provável que qualquer nação mantenha uma posição de domínio por muito tempo, o que nos leva a fazer uma analogia óbvia com as grandes corporações globalizadas do começo do milênio. A pergunta em questão é por quanto tempo empresas como GE, Microsoft, IBM, Apple, só para citar algumas, sobreviverão competitivamente. Difícil de responder, depende da capacidade de seus executivos em conquistar novos nichos de mercado, manter clientes altamente satisfeitos e, principalmente, de gerar atratividade contínua. O sucesso reside não só na busca de vantagem competitiva, mas na transformação desta em valor percebido pelos clientes, colaboradores e acionistas da organização.

A perpetuação de qualquer organização pode ser mensurada pela capacidade de seus executivos em vislumbrar os acontecimentos à sua volta e transformá-los em verdadeiros aliados para seu negócio.

Em 1908 a Olivetti foi fundada e fabricava equipamentos mecânicos para escritórios. Há pouco mais de 20 anos, depois de profundas evoluções, através de décadas, a empresa atuava nos segmentos de tecnologia de informação, serviços e telecomunicações. E hoje? Qual o valor de sua marca?

Já imaginaram um computador com a marca Olivetti? Smarthphones? Pois é, não existem.

A GM gastou 30 bilhões de dólares ao longo de sua existência para descobrir que o que realmente importava não era tecnologia e sim informação. O grande desafio das corporações no novo milênio vai ser administrar eficazmente essas informações, entendendo as preferências do cliente e criando formas de reter esses clientes em mercados cada vez mais maduros.

Tecnologia não é diferencial, qualidade não é diferencial. São condições essenciais para sobreviver, para estar no jogo. Para se tornar competitivo é preciso muito mais.

Na década de 90, a globalização acaba com os limites do mercado financeiro. No final de 1994, o peso mexicano é desvalorizado. Os americanos, com 70 bilhões de dólares aplicados no México, ficam no prejuízo. Na América Latina as bolsas despencam e a estabilização da economia brasileira fica sob suspeita.

O mercado financeiro mundial entra em pânico em outubro de 1997, quando a bolsa de Hong Kong cai 1.211 pontos em um só dia e derruba a bolsa de Nova York em 554 pontos, lembrando o crash de 1929.

Em agosto de 1998, a Rússia declara moratória por 90 dias e o rublo se desvaloriza em 20%. No mesmo mês o Brasil perde 11 bilhões de dólares em reservas e o valor dos títulos da dívida brasileira despenca.

Foi neste cenário que em 1992 a Microsoft tornou-se a empresa que mais crescia e lucrava nos Estados Unidos. Em um dos maiores erros de estratégia já vistos, a IBM abdicou do controle dos programas de seus computadores pessoais para um garoto de Seattle chamado Bill Gates. Os consumidores, seduzidos, fizeram o que a empresa julgava impossível: abriram mão de suas máquinas em favor de equipamentos mais flexíveis. Seis anos depois, a IBM dava a volta por cima, depois de amargar o maior prejuízo da história dos negócios – 11 bilhões de dólares – e Lou Gerstner fez o impensável: transformou uma vendedora de máquinas em uma vendedora de serviços.

Em 1995, em meio a uma das inúmeras crises do setor de aviação, enquanto todas as companhias aéreas brasileiras amargavam dívidas e prejuízos a TAM ganhava dinheiro, pois o comandante Rolim, dono da empresa, colhia os méritos de ter sido o primeiro empresário brasileiro a enxergar o potencial dos voos regionais. Hoje, o controle acionário é chileno, da empresa LAN. Nasceu com isso a LATAM.

Em 1995, 70% dos negócios de fusão e aquisição no Brasil envolveram capital estrangeiro.

Foi em 1992 que teve início a Era das Privatizações. O governo federal possuía 422 empresas, bancos e entidades com um déficit público de aproximadamente 85 bilhões de reais, em cifras atuais.

Em meio a toda essa instabilidade, o mercado das telecomunicações foi aberto no país, precisando crescer desesperadamente, com bilhões de dólares em investimentos em tecnologia, infraestrutura e serviços para tornar-se competitivo.

Várias empresas foram atraídas pela expectativa de privatização das 27 concessionárias que faziam parte do Sistema Telebrás. Na segunda maior privatização do mundo, as empresas do Sistema Telebrás foram vendidas por 22 bilhões de dólares.

Foi neste cenário que a Telerj iniciava a implantação de telefonia móvel no Rio de Janeiro. A assinatura do serviço foi lançada por 22.000 dólares. O aparelho chegou a ser vendido por 5.000 dólares (as vendas não deslancharam).

Foi neste cenário que a estatal Telesp Celular conquistou 1 milhão de clientes de 1993 (início das operações) até 1997 e vendia em agosto de 1993 celulares por 1.500 dólares.

Foi neste cenário que em julho de 1997 a BCP trouxe para a cidade de São Paulo a tecnologia celular digital; que posteriormente foi adquirida pela Claro.

O ano de 1998 foi um marco decisivo na marcha da globalização. A busca de competitividade e sobrevivência num mercado sem fronteiras uniu empresas como Daimler e Chrysler, Citicorp e Travelers, Exxon e Mobil, AOL e Time Warner.

Quem poderia imaginar que a partir de 1999 uma das maiores cervejarias do mundo seria brasileira? O nascimento da Ambev representou um marco na história corporativa do país. Hoje Imbev.

Em 2001 a Fiat desbancou a Volkswagen da liderança do mercado brasileiro de automóveis depois de mais de 40 anos de reinado absoluto e corre o risco de quebrar ou de ser engolida pela GM, e essa liderança continua forte. E hoje é a dona da Chrysler, Jeep, inclusive.

Se analisarmos mais a fundo as intempéries do cenário brasileiro, pode-se constatar que as empresas viveram mais momentos de incertezas do que situações favoráveis. Desde 1981 os brasileiros conviveram com:
- 5 congelamentos de preços
- 5 moedas com corte de 12 zeros
- 11 índices oficiais para medir a inflação
- 11 programas de estabilização
- 16 políticas salariais
- 18 políticas cambiais
- 24 propostas de renegociação da dívida externa
- 25 determinações para corte de gastos
- 54 controles de preços

Em 164 anos, de 1829 a setembro de 1983, a inflação foi de:

9.018.006.445.190.841.344% - nove quinquilhões..., depois disso parei de computar, até porque o número já é impronunciável.

O mercado é realmente para gente grande, gente que acredita no potencial de seus colaboradores, no diferencial de seus pacotes de valor e principalmente na capacidade de se reinventar todo dia, de criar novas oportunidades e de saber transformar ameaças em grandes conquistas. A nova economia exigirá acreditar em planejamento, desenvolver controles, ser muito eficiente na contratação, treinar, desenvolver continuamente. Afinal durante um bom tempo teremos mais empresas vendendo e menos pessoas comprando, fazendo com que tenhamos que acertar a mosca e não mais o alvo. Quer saber? Agora veremos empresas fecharem, serem vendidas ou se alinharem. Veremos profissionais se preparando para competir pelas melhores vagas. Veremos empresas aumentando substancialmente sua preocupação e, claro, suas estratégias para identificar reais prospects, conquistar clientes e, o mais difícil, mantê-los comprando, felizes, sendo bem atendidos. Neste novo mercado não haverá concessões e o desenvolvimento de novas tecnologias apresentam um quadro novo para os executivos, que precisam não só lidar com informações, mas produzir formas cada vez mais eficazes de administrar essas informações e gerar valor para toda a cadeia.

Nesta fase da leitura, fica muito claro, para você leitor, que o mundo vem passando por ciclos de transição corporativa, onde assistimos as mais diversas formas de alianças estratégicas jamais pensadas na literatura acadêmica, até bem pouco tempo atrás. E estou certo de que isto você já sabia.

Empresas antes concorrentes alinham suas forças, visando a sobrevivência futura dos seus negócios. O mercado transformou-se num espaço geográfico sem limites, a segmentação elaborada pelas empresas leva em conta, hoje em dia, o globo terrestre e não mais uma região ou cidade específica de um país.

O pensar globalmente tornou-se essencial dentro de organizações em busca de competitividade, na medida em que a montagem de um planejamento estratégico eficaz transforma-se em um forte diferencial, agregando valor às organizações e possibilitando, assim, perpetuar os negócios ao longo do tempo. E descobre-se que o planejamento estratégico é uma obra inacabada, uma corrida sem linha de chegada, tem começo, meio mas não tem fim. É contínuo e evolutivo, tal qual o mercado, tal qual a vida.

É neste contexto, altamente dinâmico e feroz, que assistimos determinadas empresas relevarem as suas áreas comerciais a meros coadjuvantes deste processo, aplicando o antigo estereótipo do vendedor tirador de pedidos.

Urgentemente precisamos encontrar empresários conscientes da importância da área comercial dentro de uma organização. Gastam-se milhões de dólares em desenvolvimento e lançamento de novos produtos, em palestras motivacionais, divertidas mas sem uma aplicação direta ao negócio ou ao aumento de competitividade. E na semana seguinte este profissional está lá fazendo tudo igual, sem ter absorvido um valor residual para aplicar, e vemos, entretanto, que a apresentação do produto pelo vendedor não leva mais do que cinco minutos. Falta conhecimento, falta preparo, falta vontade.

A explicação de um conceito que consumiu montanhas de recursos financeiros, humanos e técnicos não é levada a sério pela cúpula da empresa.

Vendedores, consultores de negócios, gerentes de relacionamento, seja lá a tipificação que se queira atribuir, são o espelho da empresa no mercado. Dotá-los de condições para gerar competitividade, capacitando-os e, sobretudo...

É hora de mudar.

Parabéns para nós consumidores. Cuidado para nós empresários e oportunidades para os verdadeiros profissionais.

A Escolha é Sua.

Pós-Venda –
Ações funcionais para fazer cócegas na sua mente e gerar resultados surpreendentes

Dalmir Sant'anna

Gigantes das Vendas

5

Dalmir Sant'anna

(47) 3347-1530 / dalmir@dalmir.com.br / www.dalmir.com.br

Recebeu da Record News o prêmio "Palestrante Destaque Empreendedor". Um profissional que não parou no tempo, dedicando-se aos estudos relacionados ao comportamento humano e o desafio de transformar as informações acadêmicas para as mais diversas exigências do competitivo mercado de trabalho.

Na área educacional é professor de pós-graduação e autor de livros direcionados ao comportamento humano. Possui expressiva experiência na área comercial, onde foi gerente de vendas, supervisor de equipe e vendedor.

Conquistou mestrado em Administração de Empresas. Pós-graduado em Gestão de Pessoas e em Magistério Superior. Bacharel em Comunicação Social. Mágico profissional.

Com uma linguagem envolvente e constante atualização literária, escreve regularmente como colunista para conceituadas revistas, sites, portais e jornais de circulação nacional. Frequentemente é convidado para participar de entrevistas em importantes programas de televisão, rádio e portais de negócios.

Apresenta palestras e seminários no Brasil e no exterior, com conteúdo personalizado e temas direcionados ao comprometimento, cooperação, gestão de negócios, liderança, trabalho em equipe, vendas e atendimento ao cliente.

Trabalha para que o conteúdo de cada palestra ou seminário seja cuidadosamente preparado, com o objetivo de gerar mudanças comportamentais. Sua missão é potencializar resultados e promover o desenvolvimento humano com a socialização dos saberes. Uma proposta de trabalho diferenciada e aprovada com o selo de qualidade WEC (ISO 10015).

Pode parecer contraditório, mas na prática constata-se um distanciamento operacional entre o discurso e realização das atividades no pós-venda. Apresenta-se em uma extremidade a importância de se vender cada vez mais, entretanto, em um ponto distante, há somente alguns esforços para a atividade de fidelização de clientes, avaliação de satisfação, tratamento para reclamações, pessoas preparadas para reverter insatisfações e profissionais capacitados para a recepção de sugestões e elogios.

Muitos cálculos são realizados e metas são estipuladas para a equipe de vendas, mas o respeito para manter os clientes atuais parece estar apenas no discurso e não na prática. Como reverter esta situação e conquistar melhores resultados? É possível desenvolver alta performance com ações funcionais e gerar resultados surpreendentes no trabalho do pós-venda? Analise os tópicos a seguir e coloque em prática as sugestões e uma conduta mais ativa, que ultrapassa o conceito de somente atender e vender. Profissionais campeões em vendas aceitam que o pós-venda é uma maneira de sempre vender e de conquistar resultados diferenciados.

Quando é que verdadeiramente uma venda termina?

Implantar, capacitar, treinar, preparar, estimular e valorizar pessoas para o pós-venda precisam ser transformados em verbos conjugados nos mais diversos níveis do organograma. Um planejamento sistêmico para alcance eficaz no pós-venda precisa responder: Quando é que uma venda termina? Qual sua resposta para esta pergunta? Seria quando a nota fiscal é emitida? Então, termina quando o cliente paga a mercadoria? Negativo! Uma venda somente termina quando o cliente volta a comprar com você. Enquanto o cliente não comprar ou indicar seu trabalho para outra pessoa, o esforço e o comprometimento para realizar pós-venda precisa ser ininterrupto. Procure realizar pesquisas com seus clientes para conhecer as expectativas, insatisfações, incertezas e a atuação da concorrência. Ligue ou envie mensagens para parabenizar seus clientes no dia do aniversário. Estimule-se no compromisso de gerar indicações e não aceitar ser um vendedor mediano, que não é capaz de gerar relacionamento. O serviço de atendimento ao consumidor (SAC) pode ser uma alternativa interessante, ouvindo o mercado de atuação e moldando suas estratégias com as necessidades dos clientes. Manter-se presente na lembrança do cliente é a demonstração de que a venda não foi um ponto final, mas uma vírgula na construção de um relacionamento duradouro.

Quem é a última pessoa na sua empresa com quem o cliente tem contato?

Quantas vezes você parou em um posto de combustível e o frentista agradeceu por você escolher aquele local para abastecer seu veículo? Quantas vezes você já foi a um supermercado e a operadora de caixa sorriu e agradeceu por você estar fazendo compras e garantindo o emprego dela naquela empresa? Quantas vezes ficou hospedado em um hotel, preencheu uma ficha com várias informações pessoais na recepção e recebeu no dia do seu aniversário uma mensagem, um e-mail ou um cartão parabenizando você? Observe que tudo isso são ações comportamentais realizadas por pessoas. O ser humano é quem faz a diferença no pós-venda. Trabalhe com as pessoas da sua equipe que pós-venda começa dentro da própria empresa, lembrando que a última pessoa com quem o cliente tem contato precisa ser uma continuidade da cortesia, coerência e satisfação em bem servir. Ter na empresa um banco de dados com informações dos seus clientes e não usar para gerar novos negócios é como ter um mapa do tesouro e não ir descobrir as oportunidades que esperam por você.

Quando apresento palestras para gestores, gerentes e líderes, gosto de realizar esta pergunta: "Quem é o principal patrimônio da sua empresa?" Algumas pessoas respondem que são os funcionários, outros a estrutura física e há comentários de que o principal patrimônio são as máquinas. Pare para refletir e acredite que, se o cliente não comprar, nada disso será válido para a continuidade da sua empresa. Portanto, o principal patrimônio da sua empresa são os clientes.

Pós-venda gera muito trabalho e exige preparação para ouvir feedback. Pode acontecer que dentro da sua carteira de clientes haja muitas pessoas esquecidas. Não gere a sensação de abandono e acredite com veemência que a satisfação de um cliente não é sorte, mas o resultado de muito trabalho. Nesse sentido peço que você jamais se esqueça da frase do escritor Robert Orben: "Toda manhã eu levanto e dou uma olhada na lista das pessoas mais ricas da Revista Forbes. Como não encontro meu nome na lista, vou trabalhar".

REFERÊNCIAS:

GRONROOS, Christian. Marketing: gerenciamento e serviços. 3ª ed. Rio de Janeiro: Elsevier, 2009.

HOOLEY, Graham J.; SAUNDERS, John; PIERCY, Nigel F. Estratégia de marketing e posicionamento competitivo. 4ª ed. São Paulo: Pearson Prentice Hall, 2011.

KOTLER, Philip. Marketing essencial. São Paulo: Futura, 2005.

SANT'ANNA, Dalmir. Oportunidades: estratégia competitiva para fortalecer diferenciais na vida pessoal e no ambiente corporativo. São Paulo: Ser Mais, 2014.

O VENDEDOR QUE ENCARA TODAS AS CRISES

Eduh Rodrigues

GIGANTES DAS VENDAS

6

Eduh Rodrigues

edu@eduardo-rodrigues.com / www.eduhrodrigues.com.br

Palestrante, Master-Coach & Mentor, Trainer de Líderes e Executivos, com formação Internacional, membro certificado pela "JOHN MAXWELL TEAM UnIversity" nos EUA e certificado também pelo "ICF – International Coaching Federation".
Publicitário, administrador de empresas e com centenas de palestras realizadas em todo Brasil. Mais de 35 anos de experiência profissional em empresas de grande porte nacionais e multinacionais e mais de 25 anos como executivo e na liderança de equipes.

Será que você tem pensado da forma correta nestes momentos de dificuldade pelos quais você passa?

Se temos orgulho da profissão que nos sustenta e mantém nossa família dentro dos padrões aceitáveis de vida, se existe dentro de um vendedor o prazer em dar lucro à empresa, pois pensando assim garante sua estabilidade pessoal e garante principalmente seu emprego. O verdadeiro vendedor, neste momento, saberá ter a disciplina, a vontade, o prazer pelo novo que o motivará em direção ao aprendizado das novas técnicas de vendas necessárias à adaptação do momento e isso será eterno na profissão de vendedor, a diferença sempre será feita pelos dedicados verdadeiramente, sempre em busca da satisfação dos seus clientes, o que na maioria das vezes satisfaz o próprio vendedor e o faz ter ânimo para vencer os desafios.

Cumprida a etapa do conhecimento que é básico para o vendedor, seguir as literaturas editadas da área, e eu tenho certeza de que você é, porque está aqui lendo este material, ele terá as melhores armas para que vença a batalha contra a concorrência: atualização constante, a observação das oportunidades e das novas tendências, achando sempre uma saída positiva para suas vendas, seguindo dicas de outros que deram certo e por aí afora.

Se o vendedor amar o que faz, se tiver disciplina em sua profissão, se estiver sempre concentrado durante as horas de trabalho e quando digo concentrado é ao pé da letra, usando estatísticas, se disponíveis, com uma meta em mente e principalmente mentalmente presente, com certeza venderá produtos e serviços. No entanto, se estiver focado nas dificuldades, serão elas que o derrubarão, certamente.

Seguem, então, algumas dicas básicas:

COMPORTE-SE BEM - Grande parte das vezes, a venda é perdida por causa do Comportamento do Vendedor, a forma com que se comporta. Desde os discursos do tipo falar mal de tudo e de todos, citando a concorrência e as dificuldades. Outro dos comportamentos que os clientes não suportam mais é aquele vendedor que age como um simples tirador de pedido e não tem comportamento de parceiro.

Um comportamento indicado é aprender a ouvir VERDADEIRAMENTE o cliente sem ansiedade pela finalização, aguardando o momento mental do fechamento.

SEJA COMPROMETIDO - Ser comprometido é verdadeiramente participar por inteiro nos andamentos dos seus clientes, dos seus pedidos, da logística da cobrança, ou seja, de tudo aquilo com que você tem obrigação de interagir para que dê tudo certo.

Veja bem, isso não significa apenas estar envolvido e sim atuar com comprometimento pessoal nas coisas.

Seja Competitivo - Ser competente em vendas engloba ser também competitivo.

Ao contrário do que pensam, ser competitivo não é falar mal do concorrente e nem levar vantagem ilícita nas conquistas, tampouco competir com o colega da concorrência para ver quem é melhor e sim competir consigo mesmo para ser ainda melhor a cada passo de sua carreira, estudar as vantagens competitivas dos produtos e serviços que você vende e tudo o que pode oferecer competitivamente de melhor, esforçando-se ao máximo para obter o melhor de si mesmo em prol dos seus clientes.

Ao vender aos clientes os estoques comprados pela empresa, o vendedor passará para o concorrente a crise. Crise é sempre o negócio não realizado. Empresas que por meio de um corpo de vendas qualificado, treinado, motivado e principalmente disciplinado trazem a demanda para dentro de seu negócio, vendem seu produto de forma ética, pensando sempre no longo prazo, jamais estarão em crise.

Seguindo com firmeza estas dicas, tenho certeza de que você poderá vender mais e muito melhor, satisfazendo assim seus objetivos profissionais e pessoais cada vez mais.

SETE AÇÕES PARA MAXIMIZAR SUAS VENDAS

Erik Penna

GIGANTES DAS VENDAS

7

Erik Penna

www.erikpenna.com.br

É consultor empresarial, especialista em vendas, palestrante e autor dos livros "A Divertida Arte de Vender" e "Motivação Nota 10". Já realizou palestras em todos os estados do Brasil, Portugal e Estados Unidos.

Tenho escutado muita gente falando de crise e reclamando dos resultados, mas, quando eu pergunto o que elas têm feito de novo e diferente para superar esse momento negativo da economia, muitas vezes fico sem resposta.

Um grande risco é ficar parado esperando a crise passar. É hora de se mexer, de sair da zona de conforto e buscar novos caminhos não trilhados durante os momentos de vacas gordas.

Para se ter uma ideia da importância de inovar para não sucumbir, em 1973 a Exame/FGV elaborou um ranking com as 500 maiores empresas do Brasil. Atualmente, 77% dessas organizações simplesmente desapareceram, conforme aponta um estudo da Fundação Dom Cabral.

Se seguirmos os mesmos caminhos, colheremos não os mesmos números, mas sim, piores. Em tempos difíceis, é preciso fazer mais, ir além para conseguir um desempenho satisfatório.

Enumero a seguir sete ações para turbinar seus resultados:

1- Atrair Novos Clientes

É hora de ampliar possibilidades, ou seja, vender para novos clientes. Mas como atraí-los? Um caminho poderoso é a ferramenta tecnológica chamada "Link Patrocinado", presente nos principais sites de busca. Pagando uma pequena quantia mensal (você mesmo delimita a região a ser atendida e o valor que deseja investir), quando algum internauta pesquisar o segmento, seu site aparecerá no topo da lista. Saiba que num único dia são feitas aproximadamente 88 bilhões de buscas na internet. Isso significará mais contatos e orçamentos e novas oportunidades para vender mais.

2- Aumentar o Ticket Médio

Há empresários que dizem estar assustados, pois a circulação de clientes na loja reduziu em 20%. Então, se entra menos gente na loja, utilize o tempo que sobra para fazer uma venda consultiva, aquela que você primeiro precisa escutar, entender seu cliente para só depois atender. Treine sua equipe para ofertar não apenas soluções, mas também ideias, assim conseguirá vender mais para o mesmo cliente.

3- Diferenciação

Uma pesquisa da Nielsen aponta que, na hora de comprar, o cliente prioriza alguns requisitos em relação ao preço do produto. Um deles é a conveniência. Certa vez, precisei comprar uma peça para o automóvel da minha esposa e liguei para duas lojas. O vendedor da primeira atendeu de forma regular e limitou-se a responder o preço. Já o segundo profissional foi muito cordial, escutou atentamente minha necessidade, apresentou as possibilidades para resolver meu problema e disse que, por uma pequena quantia a mais, a loja entregaria a peça em minha casa e instalaria no carro da minha esposa. Adivinhe em qual loja eu comprei?

Isso é diferenciação, conveniência para o cliente e qualidade no atendimento que agrega valor e potencializa as vendas.

4- Promover um Evento

Mexa-se! Ficar parado reclamando não aumentará as vendas. Crie uma oportunidade e chame seu cliente! O que acha de fazer um evento e oferecer para ele? Outro dia, minha esposa recebeu um convite de uma concessionária de veículos para o coquetel de lançamento de um automóvel. Lá foram 200 pessoas e, com elas, muitas oportunidades de se fechar um negócio.

5- Ecossistema – Parcerias com não Concorrentes

É valioso montar o ecossistema do seu negócio. Que tal dobrar as possibilidades de vendas sem gastar um real? Já pensou em somar os clientes de outra empresa em seu banco de dados? Outro dia um restaurante e uma agência de viagem fizeram uma parceria interessante. O restaurante tinha cinco mil clientes cadastrados e a agência algo em torno disso também. Uma empresa divulgou o seu produto na base de dados da outra e novos clientes apareceram.

6- Experiência de Compra

"A loja física vai morrer." Este tema foi abordado, em 2011, na NRF (National Retail Federation) - maior evento mundial de varejo que ocorre anualmente em Nova York. Em 2015, a NRF deu destaque para o tema "A loja física está mais viva do que nunca". Em sua opinião, qual tema está correto? Acredito que os dois, pois, aparentemente contrários, são, na verdade, complementares.

De fato, a loja física arcaica e antiquada tende a morrer, mas aquela que é atualizada, moderna e respeita e encanta o cliente está mais viva do que nunca, pois aposta na experiência de compra que o cliente terá quando estiver dentro dela.

7- Surpreender o Cliente

Com a concorrência cada vez mais acirrada é fundamental atender com excelência, encantar e surpreender o cliente. Surpreender é fazer mais do que ele espera, com agilidade e eficiência. Mas será que fidelizar é tão difícil e caro? Na palestra Erik apresenta ideias e cases de empresas que surpreendem e fidelizam de forma fácil e barata.

Portanto, agora é a hora, inove, seja ainda mais proativo e saiba que, daqui a algum tempo, será muito motivador lembrar que o sacrifício foi momentâneo, mas a vitória ficará para sempre!

Empresas diferentes sabem dizer "Não"!

Fábio Fiorini

Gigantes das Vendas

8

Fábio Fiorini

www.gruponetbranding.com.br

É CEO do Grupo Net Branding, que possui três empresas. A FRVendas, que é a maior franqueadora de soluções em vendas do Brasil. A Net Branding Consultoria, que desde 1998 atua na construção de grandes marcas do cenário nacional. E a Net Branding Sports, responsável por grandes cases de marketing esportivo e captação de patrocínios para entidades esportivas de grande porte.

É comum no mundo dos negócios e das empresas aparecerem diversas oportunidades a cada dia.

É ainda mais comum isso acontecer quando são empresas que já conquistaram um bom patamar de percepção positiva, independente de ser grande ou pequena, pois por serem bem percebidas muitas pessoas e empresas querem ser suas parceiras estratégicas de negócios.

Tenho visto a cada visita de consultoria que faço, e também a cada palestra que ministro, empresários participando de rodadas de negócios objetivando não somente vender mais, mas também diversificar investimentos, partir para outros segmentos através de parcerias e até mesmo mudar de negócio completamente.

Confesso a vocês que não sou a favor nem contra tudo isso, mas é preciso uma certa cautela para conduzir estas situações.

Por que digo isso?

Existem algumas coisas que carregamos de nossas famílias, especialmente nossos avós, que sempre surgem em nossa cabeça em algum momento. Sabe aquele ditado que quem quer tudo não tem nada? Pois é, vejo quase que diariamente empresas muito legais, honestas, que cresceram fortes e sustentavelmente e, ao quererem abraçar o mundo achando que podem tudo, acabaram deixando de existir ou perderam grande parte de seu mercado para outras empresas que vieram com foco em excelência.

Sempre falamos no Small Giants Brasil que é preciso saber dizer não. Um Pequeno Gigante não é somente aquele que cresce o tempo todo de forma matadora, mas aquele que por optar pela excelência não abre mão deste caminho e por isso sabe dizer "nãos" que representam o aumento de sua percepção de excelente e quando comparados com seus concorrentes, mas pessoas dizem que realmente esta empresa Pequena Gigante é diferente.

Empresas que souberam aproveitar a arte de dizer "não" na hora certa não faltam.

Vou dar dois exemplos aqui neste texto que podem levar você, líder, a refletir e saber se seus "nãos" estão acontecendo na hora certa e se podem ajudar sua empresa a seguir no caminho de uma Pequena Gigante.

Sempre uso em minhas palestras um exemplo muito legal de uma indústria de pianos, chamada Steinway. Esta é uma marca bastante importante neste segmento e reconhecida por fazer os melhores pianos artesanais do mundo.

O fato é que algum tempo atrás a empresa entrou em dificuldade. Em função disso precisou ser vendida e o comprador (uma indústria de flautas e saxofones) a comprou por 100 milhões de dólares.

Na época a mídia condenou este valor, pois a empresa estava quebrada, o segmento de pianos artesanais estava cada vez menor e marcas asiáticas (como a líder Yamaha) cresciam vertiginosamente com os pianos digitais.

Como um dado adicional importante, os maiores pianistas do mundo só usavam e usam Steinway, ela havia acabado de fazer aniversário e vendido a preço de ouro uma edição limitada de seus pianos artesanais comemorativos que demoraram três anos para serem confeccionados e muita gente sonhava em um dia tocar um Steinway.

Mas, diante de todos os problemas atuais ela teria de escolher entre continuar a investir somente na Steinway e seus pianos artesanais ou então partir para a briga com os gigantes asiáticos na produção de pianos mais baratos, ou até mesmo aproveitar a indústria compradora e a força da marca Steinway e passar a produzir flautas e saxofones de altíssima qualidade com a força da marca Steinway no segmento musical.

Vejam que a tentação era enorme em abrir novos mercados, entrar numa categoria de pianos mais em conta porém com a força da marca Steinway poderia ser um sucesso e até mesmo fabricar outros instrumentos aproveitando a força desta marca.

Sabe o que fizeram? Continuaram a fazer somente pianos Steinway de altíssima qualidade, séries limitadas, séries com os nomes dos maiores artistas do mundo... Resultado? Em três anos crescimento de mais de 300%. Enquanto outros caíam eles cresciam. Enquanto outros tentavam segui-la, ficavam cada vez mais longe. Criaram linhas de produtos de altíssima rentabilidade. E, por fim, ganharam e continuam a ganhar muito e muito dinheiro com esta maravilhosa marca.

Mas sempre me perguntam: "Por que não aproveitaram para produzir pianos mais baratos?" Certamente eles perderiam o maior ativo que tinham que era a liderança de marca associada a algo muito, mas muito superior. Além de correrem o risco de perder os top clients que se sentiriam invadidos.

E por que não fazer outros instrumentos? Deixariam a liderança de excelência nos pianos e partiriam para serem segundos ou terceiros colocados em um mercado que não conheciam.

Por que não fazer pianos eletrônicos? Abandonariam sua essência de empresa para brigar com megagigantes como Yamaha num mercado que não dominam?

Um case exemplar!

No Brasil gosto bastante de uma empresa chamada Recco Lingerie. Para muitos uma marca pouco conhecida, mas para o segmento uma empresa bastante séria e diferente.

Como disse logo no começo, empresas que são vistas assim como sérias e diferentes acabam por receber diversas propostas quase todos os dias.

Não foi diferente com a Recco Lingerie.

Imagine que uma indústria de lingerie com uma série de lindas lojas próprias com bons resultados no Brasil possa receber sempre propostas de tornar-se franquia. Ou seja, pessoas que gostam da loja adorariam ter uma e o segmento de franquias é legal para isso.

Tentação enorme, pois poderia num curto espaço de tempo sair de algumas lojas para uma rede nacional enorme. Isso traria maior produção para a fábrica, mais expressão nacional para a marca, talvez mais vendas num menor espaço de tempo e diversos outros benefícios.

Mas, por característica, é uma empresa que gosta de manter um crescimento sólido, controlado, sem perder sua essência de inovação e padronização minuciosa.

O que ela escolheu?

Retardar seu processo de crescimento através de franquias e solidificar ainda mais suas bases. Cuidar minuciosamente de cada marca que compõe seu portfólio de produtos. Investir nas marcas de linhas de produtos como pijamas infantis e femininos, que representavam uma boa fatia das vendas, mas ainda aquém do que poderia.

Ou seja, concentrou-se no que sabe fazer de melhor, dizendo não à tentação do crescimento a qualquer custo e explorando rumo à excelência tudo aquilo que tinha em mãos.

Resultado?

Crescimento de 30% nas vendas da sua marca chamada Baunilha, de pijamas femininos e infantis. Crescimento do resultado das lojas atuais. Fortalecimento e inovação da marca e, por ironia do destino, muitos pedidos para abrirem franquias também da marca Baunilha, que estourou dentro das próprias lojas da Recco Lingerie (e olha que não abriram loja da Baunilha).

Vejam que em ambos os exemplos estas empresas cresceram demais, tornaram-se ainda mais diferenciadas no olhar dos consumidores, clientes e mercado e de quebra passaram a ter seguidores e não somente clientes.

Por tudo isso, acreditamos dentro do Small Giants Brasil que empresas que optam pelo caminho da excelência, sabendo escolher e concentrando-se naquilo que têm de melhor, sem deixar de aproveitar oportunidades, mas sim aproveitando as oportunidades certas e dizendo "nãos" necessários ao longo do caminho, certamente chegam num patamar diferenciado de resultados, rentabilidade e fidelidade quase incondicional por parte de seus clientes.

Pense em tudo isso, analise cada oportunidade, saiba dizer não e fique com este conceito de empresa Pequena Gigante, pois isso pode fazer enorme diferença no presente e futuro da sua empresa.

Como o vendedor pode melhorar seus resultados?

Fabricio Medeiros

Gigantes das Vendas

9

Fabricio Medeiros

(82) 98888-7777 (WhatsApp) / fabricio@quebreabanca.com.br /
www.quebreabanca.com.br

Trabalhou na Ambev, estudou em Harvard e foi o primeiro brasileiro a treinar a equipe de vendas do Facebook Go para América Latina.

Como aumentar vendas na crise

As crises vêm e vão, essa será mais uma, entretanto, como temos contas para pagar precisamos fazer mais com menos e é justamente em momentos como esse que nós conseguimos separar os homens dos meninos. Também é em momentos como esses que aproveitamos as oportunidades que surgem dentro desse furacão. Quer um exemplo? O mercado de Ultraluxo está em alta, casas de 100 milhões de dólares nunca foram tão vendidas como agora. Os bilionários encontraram um porto seguro para seu dinheiro investindo em imóveis que são verdadeiras obras de arte.

Como diria Dante Alighieri: "No inferno os lugares mais quentes são reservados àqueles que escolheram a neutralidade em tempo de crise".

Aqui, eu listo cinco dicas que sempre usei em momentos como este. São úteis para vender desde calcinhas comestíveis até aviões.

1. Nunca acredite no primeiro NÃO do cliente. Só depois do terceiro NÃO você pode pensar em desistir. Nosso cérebro não está programado para dizer: "SIM, SIM, SIM, eu quero tudo isso e vou pagar exatamente o valor que você quer". 70% das maiores vendas acontecem após três grandes objeções.

2. Não é mais sobre você. Antes o tamanho da empresa, o faturamento, o número de anos influenciavam na compra. ESSE TEMPO ACABOU. A abordagem padrão de hoje deve ser falar 90% do tempo sobre a perspectiva do cliente e apenas 10% sobre você.

Concentre-se em aliviar o problema (a dor) do cliente. Uma boa maneira é dizer para o cliente que está procurando uma casa de veraneio: "Você já imaginou colocar os pés nessa areia e brincar com seus filhos nessa praia linda e segura?"

3. Cuide da sua base de clientes. Normalmente, 20% dos seus clientes representam 80% do seu faturamento, então em dias difíceis os MIMOS, BRINDES e os SERVIÇOS EXTRAS são um grande diferencial. Todos sabemos que em momentos de apertos muitos contratos são rescindidos, se você se antecipa fazendo um pós-venda agressivo, provavelmente será um dos sobreviventes da lista de cortes.

4. UPSELL. VENDER os MAIS CAROS PRIMEIRO e aos poucos introduzir novos produtos mais baratos. Imagine que o cliente comprou um terno por R$ 900,00 – logo depois você sugere um item mais barato, como uma MEIA de R$ 25,00. Como ele está com o referencial do valor do terno na cabeça, a meia vai parecer muito barata. Agora, experimente oferecer um único par de meias por R$ 25,00 e seu cliente sofrerá um infarto.

5. **LEMBRE-SE DE SEUS MELHORES DIAS DE VENDAS.** Repensar essas experiências pode reacender padrões de excelência que deixamos escapar pela correria do dia a dia. Toda grande venda deve ser mapeada para depois ter seus passos replicados nos próximos embates.

COMO ROUBAR CLIENTES DA CONCORRÊNCIA?

O mundo das vendas sempre foi visto por mim como um ambiente bélico, cascudo e sangrento. Se você estiver em um mercado muito acirrado, vai precisar roubar market share do seu concorrente. Não existe outro jeito de crescer.

Um vendedor novato, que trabalha em uma locadora de carros atendendo clientes corporativos, me perguntou: "Fabricio, como eu posso roubar os clientes da concorrência?"

Ok, ladrão (no bom sentido), vamos lá:

• **MAPEAR OS 20% MAIORES CLIENTES DO MERCADO** – O Princípio de Pareto (também conhecido como princípio 80-20) afirma que para muitos fenômenos 80% das consequências advêm de 20% das causas. Dá certo pra quase tudo, experimente!

Você deve concentrar seus esforços nessa galera, pesquisando principalmente quando os contratos de exclusividade vencem. A maioria dos clientes fidelizados costuma fazer renovações automáticas. Se você tem um CRM bacana, suas chances de brigar com a concorrência na hora certa aumentarão substancialmente.

• **OLHO NA FALHA DO CONCORRENTE** – Por incrível que pareça, justamente com clientes fidelizados é acontecem as piores falhas. Um segredo: é na renovação do contrato que as empresas fazem os ajustes de preço para compensar uma possível perda inicial durante a captura desse cliente. É a mágica sacana do relacionamento, quando mais tempo na base, mais aumentaremos seu preço, gradativamente, é claro.

• **NOVOS CONTRATOS** – Não importa que seu cliente tenha um contrato de locação de veículos com seu maior concorrente. Você precisa estar disponível sempre que ele precisar fazer um orçamento, não perca por W.O.

Você precisa ter a gana de comer pelas beiradas, fechar pequenas vendas. Use o medo para persuadir o cliente, faça-o perceber que ter um único fornecedor é um risco que deve ser dirimido criando um plano B, nesse caso, VOCÊ.

CASE QB

Fechei um contrato para pintar 68 torres de sete andares de um único cliente. Passados três meses, duas torres foram retiradas do meu contrato e entregues para um concorrente menor. Quando perguntei ao cliente o motivo, ele respondeu: "Ora! Duas torres não vão fazer diferença pra você, mesmo confiando na sua empresa eu preciso de um plano B, caso ocorra alguma eventualidade", disse o engenheiro.

PAGAR LUVAS – Alguns clientes são estratégicos, seja pela referência que têm no mercado, seja pelo volume que vendem. Nesses clientes, especificamente, vale o esforço de gastar dinheiro vivo mesmo, pagar luvas para fechar um contrato de exclusividade e com isso sangrar seu concorrente.

Não existe mágica no mercado, a briga é feia, é "roubar" ou morrer.

DOMINANDO CLIENTES EM 90 SEGUNDOS

TRUQUE 1 - ENERGIA

O que tem de vendedor com cara de tristeza é uma enormidade. Os clientes não têm nada a ver com seus problemas pessoais. Mais do que sorrir eu me concentro mesmo na ENERGIA que você emprega para persuadir os clientes.

Se você NÃO fala com energia, jamais vai conseguir chamar atenção do cliente, que, por mais que diga que não gosta de ser bajulado, ele mente. Ele quer alguém absolutamente atencioso, que olhe nos seus olhos e escute suas demandas, além de elogiar e reforçar suas escolhas.

Ter energia não significa falar alto, ao contrário, é o carisma, é sorrir por dentro, é manter uma postura como se fosse a pessoa mais saudável e confiante do mundo.

TRUQUE 2 - CONFIANÇA

A maior objeção de uma venda é a falta de confiança. Fale com propriedade sobre seus produtos e serviços. A ciência já confirmou que a postura RECLASSIFICA a opinião que temos sobre uma pessoa, ombros encolhidos, olhar pra baixo... É um fiasco. Mesmo que você não seja uma pessoa confiante, não tem problema, FINJA.

Truque 3 - Casualidade

Fale com seus clientes como se tivesse batendo um papo com um amigo, nada de jargões de vendas ultrapassados. Usar "sim senhor, prezado senhor, pois não senhor?" Ora, macacos me mordam! Você pode ser educado sem usar esses jargões enfadonhos. Trate-os como bons e velhos amigos. Chame o cliente pelo primeiro nome.

O excesso de intimidade também pode matar sua venda. Nada de usar: meu amor, nega, FERA, minha querida e por aí vai...

Truque 4 - Enfatize semelhanças

Quando você conhece uma pessoa é preciso ser um rápido observador, roupas, gestos, sotaque são características importantes para usar como gancho para desenvolver uma boa conversa de vendas. Se a pessoa tem um sotaque gaúcho, por exemplo, você diz: "Adoro seu sotaque, mas gosto mesmo dos maravilhosos vinhos da serra gaúcha!"

Como conhecer de verdade o produto?

Uma das coisas mais batidas em vendas é dizer ao vendedor que ele precisa CONHECER O PRODUTO, de fato, essa é uma qualidade que diferencia vendedores exitosos de medianos. Mas então, qual é a bronca?

Se você quer saber como realmente CONHECER O PRODUTO, deixa eu te apresentar cinco tiros certeiros para começar a melhorar sua performance ainda hoje.

Material de marketing

90% dos vendedores não leem o material de marketing disponibilizado pela empresa.

Existe também uma briga idiota entre vendas e marketing. Muitos vendedores não são consultados durante o processo de criação e isso termina criando uma rusga. O material de marketing deve ser devorado pelo vendedor, que vai utilizá-lo como uma PREPARAÇÃO, mas ainda não será seu tiro de misericórdia, é apenas o começo.

Clientes

Pergunte para seu cliente por que ele compra seu produto. Marca, preço, atendimento? Sua empresa é a mais rápida ou o produto que você vende gira mais?

Seu produto não é o que você diz ser, só quem tem o poder da afirmação é o cliente.

Se a sua cerveja, naquela região, for apontada pelos clientes como "a cerveja que dá dor de cabeça", hum... Já era, campeão.

Entre o que você e seu marketing dizem e o que realmente seu cliente acha existe um abismo grandioso.

Amigo na concorrente

Quem não tem um amigo na concorrência, ou alguém que já saiu de lá, mas conhece suas potencialidades e suas fraquezas como ninguém?

Vou confessar uma coisa que fazia para saber sobre o que o concorrente falava do meu produto. Quando realizava entrevistas de seleção para a empresa eu adorava chamar pra entrevista final gente da concorrência.

Agora imagine o quão rico ficará seu repertório se você também souber o que seu concorrente fala de você e do seu produto.

Outras vozes da empresa

A maior arma de um vendedor novato deve ser a CURIOSIDADE.

Quando eu vendia tintas e texturas para o mercado da construção civil, tive que me adaptar rapidamente, pois a empresa exigia resultados imediatos. Optei por estudar os produtos que mais deixavam margem e os que representavam em média 70% do faturamento, comecei a perguntar para várias pessoas os diferenciais daqueles produtos e o óbvio aconteceu: cada um deles tinha uma visão DIFERENTE sobre a mesma coisa.

O dono vendia de um jeito, o diretor de outro, o técnico de outra forma distinta. Anotei tudo e usando o melhor de cada um criei meu próprio SCRIPT matador, minha verdadeira bala de prata, que mata até lobisomem.

Escreva à mão você mesmo

Sou ávido por tecnologia, mas nesse caso eu abro exceção.

Estudos da Universidade de Indiana mostraram que quando escrevemos à mão aumentamos nossa capacidade de absorver e desenvolver novas ideias, ou seja, de uma forma geral é possível afirmar que escrever à mão te ajuda a pensar melhor.

ANIQUILANDO OBJEÇÕES DE PREÇO PARA SEMPRE

Eu tenho uma péssima e outra ruim, qual notícia você quer ouvir primeiro?

A ruim é que aqui não é a Disney, portanto, não conte com a sinceridade dos seus clientes porque 90% deles vão mentir pra você quando o assunto for PREÇO.

A péssima é que isso jamais vai acabar. Acostume-se!

A única notícia boa e não menos importante é que clientes que batem muito em cima do preço querem comprar verdadeiramente. As maiores vendas que eu fiz na carreira, que passaram dos seis dígitos, foram consolidadas a partir de GRANDES OBJEÇÕES DE PREÇO.

Para poupar seu trabalho de ler dez livros sobre objeções de preço, eu juntei aqui as três mais clássicas e como você pode aniquilar uma por uma através de perguntas inteligentes e argumentações inquebráveis.

OBJEÇÃO 1 - SEU PRODUTO É MUITO CARO

O que é caro pra você? Está comparando com algum concorrente ou outro produto?

Pronto, você fez o cliente pensar. Você inverteu o jogo e vai descobrir rapidamente se aquilo foi um blefe ou se realmente o cliente tem uma oferta muito mais barata que a sua. Pela minha experiência, 80% dos casos não passam de choro sem propósito.

Aconteceu com um amigo que foi comprar um Apple Watch nos EUA e disse para o vendedor que estava CARO... O vendedor bem treinado perguntou: "O QUE É CARO PARA VOCÊ?" Enquanto meu amigo pensava na resposta ele disparou: "Qual a sensação de ver seu melhor amigo todos os dias com uma dessas belezas no braço e ainda por cima fazendo questão de te dizer o quanto ele é maravilhoso, funcional e exclusivo?"

Sério, eu escrevo isso com um sorriso no rosto, pois é lindo quando você mata uma objeção de uma maneira tão faca na caveira como essa.

P.S.: meu amigo comprou o relógio em segundos, dólar a 4,00 reais.

Objeção 2 - Seu Concorrente É Mais Barato

Tem certeza que está comparando produtos da mesma categoria? Você não acha estranho uma diferença tão grande em produtos parecidos? Você está comparando desembolso inicial ou está olhando custo final?

Na mosca! Chico é Chico, Francisco é Francisco. Um ditado antigo, mas que cai como uma luva para esses momentos de comparações "injustas" feitas pelos clientes.

Eu sei que falar mal do concorrente no Brasil é proibitivo. A melhor maneira de "falar mal" é demonstrando que seu oponente está mentindo ou prometendo algo além do que pode entregar.

Nunca seja pego de surpresa pelo cliente, saiba tudo sobre seu concorrente e suas chances de fechar o negócio e quebrar essa objeção aumentarão drasticamente.

Objeção 3 - Não Tenho Verba

E se eu conseguisse um prazo maior de pagamento? Por que não mudamos para o produto B, que me parece mais adequado ao seu budget? Qual seu preço-alvo então?

Essa é uma objeção menos ruim, pois o cliente já está convencido - ele quer você, porém não tem como pagar. Já fechei centenas de negócios usando a pergunta: "QUAL SEU PREÇO-ALVO"?

O grande lance não é vender pelo "preço-alvo" que o cliente quer, mas se você chegar próximo é bem possível que o outro lado também faça um esforço em esticar um pouco o budget e por fim fechar negócio com você. A estatística joga a seu favor, pois 98% dos clientes estão dispostos a pagar mais se realmente forem convencidos.

Ok, Fabricio, mas e se um cliente difícil usar as três objeções de uma só vez e mesmo usando as técnicas ele ainda não ficar convencido, o que você sugere?

Bem, da última vez que isso aconteceu comigo, após ter usado todo meu repertório, inclusive as cartas na manga, o cliente dispara: "Você tem certeza que chegou ao limite?" Eu peguei a minha carteira, saquei a foto do meu filhote, entreguei para o cliente e murmurei: "EU NÃO TENHO MAIS NADA PARA OFERECER, a única coisa que me resta é esse lindo menino de olhos verdes, que agora passa a ser seu". Rimos muito. Fechei o pedido.

A HUMILDADE PODE ARRUINAR SUA CARREIRA

Se você for uma pessoa muito inteligente (não é o meu caso) e não souber vender o seu peixe, você corre sérios riscos de algum de média inteligência (é o meu caso) tomar o seu lugar na fila do sucesso.

Eu já perdi as contas de quanta gente média consegue mais sucesso na vida do que gente muito mais inteligente. Essas pessoas são, absolutamente, avessas ao marketing pessoal, seja por timidez ou até mesmo pelo peçonhento ditado popular que versa sobre a importância de ser humilde e de esperar o reconhecimento...

Tenha resiliência e drible essa máxima nefasta ousando falar de você, ouse falar das coisas bacanas que você vem fazendo, doa a quem doer não sabote sua oportunidade de criar a imagem que realmente você merece.

A CHAVE de ouro pra quem deseja crescer na vida é: CONTE SUAS CONQUISTAS e não espere reconhecimento.

QUATRO AÇÕES RÁPIDAS PARA VENDER SEU PEIXE

1) TENHA O PEIXE PRIMEIRO - alcance o resultado, faça bem feito, o resultado precisa ser consistente e diferente, algo que realmente seja importante que os outros saibam.

2) ENVOLVA OUTROS SETORES - não importa que você é da contabilidade, SE VOCÊ fez um trabalho fodástico, divulga isso no e-mail, na intranet e copie no e-mail pessoas estratégicas de outros setores.

3) FALE NAS REDES SOCIAIS - converse com amigos e com seu networking sobre suas façanhas. É importante que as pessoas saibam o que você vem fazendo, pois quando precisar elas já sabem aquilo que você faz e que bom profissional você é.

Nas redes sociais menos é mais. Cinco fotos de uma viagem são mais impactantes do que 50. Segundo estudo da Birmingham Business School, você pode perder diversos amigos ao se autopromover em demasia.

4) ATUALIZE SEU LINKEDIN - coloque os diplomas, certificados e ações diferenciadas. Peça que recomendem você para validar ainda mais sua performance.

UM ALERTA!

Existe uma linha tênue entre falar das suas conquistas e ser um babaca arrogante. O resumo da ópera é: vender SEMPRE apenas o peixe que você pegou, de forma consistente, prudente e jamais, absolutamente jamais conte uma história de pescador.

Aqui Não é a Disney, Aqui é #FacaNaCaveira

Prepare-se para o melhor

Fernando Lucena

Gigantes das Vendas

10

Fernando Lucena

(21) 2156-8855 / f.lucena@friedman.com.br / www.friedman.com.br

É consultor e presidente do Grupo Friedman, única empresa brasileira licenciada pelo The Friedman Group, consultoria internacional de varejo que atua em mais de 25 países, tendo acumulado mais de 25 anos de experiência no Brasil.

Hoje em dia realizar vendas está cada vez mais difícil, seja por condições do mercado, mudanças no comportamento do consumidor, ataques sucessivos da concorrência, ou muitas outras variáveis que estão fora do controle do profissional de vendas.

Isso é o que complica: não estar sob controle. E, na verdade, o que se deve fazer é entender e aprender a lidar com estes fatores que afetam direta ou indiretamente a performance em vendas.

Porém, nem tudo está complicado. Existem detalhes aos quais o profissional de vendas deve estar atento e, literalmente, dominar. Estes detalhes estão ligados, diretamente, ao trabalho de atendimento e realização de vendas, ou seja, são detalhes que fazem toda a diferença!

Para nós, do Grupo Friedman, existem quatro procedimentos que toda a equipe de loja deve realizar diariamente e, muitas vezes, a cada instante. A esta rotina profissional damos o nome de Preparação Diária.

A ideia é cumprir um checklist completo de procedimentos que vão fornecer a segurança necessária ao profissional de vendas para: realizar atendimentos, responder às possíveis perguntas de seus clientes, contornar as inevitáveis e chocantes objeções e conduzir o atendimento, passo a passo, para o sucesso.

Uma das etapas é Conhecer sua Concorrência. Isso mesmo. Visitar, habitualmente, seus concorrentes pode lhe render ótimos aprendizados.

Por exemplo, o que o concorrente está fazendo para atrair clientes? Como é o atendimento por lá? O que os clientes dizem sobre a experiência de compra que tiveram na concorrência? Como os produtos estão expostos? Como a equipe está organizada e como o gerente administra o cotidiano?

Estas e várias outras perguntas devem fazer parte de seu processo investigatório, que, se bem feito, torna-se uma excelente ferramenta de marketing chamada Benchmarking.

Não pense que o objetivo é copiar o concorrente. Não adianta copiar uma coisa se não entende como chegar até ela ou, até mesmo, por que chegar a ela.

O objetivo é aprender com os acertos e erros dos outros, que é, no mínimo, mais barato. Entendeu? Acertos e erros. Então repare nos erros dos seus concorrentes e traga a experiência para o seu ambiente, evitando pecar nas mesmas falhas. Se você errar menos que seus concorrentes, já sai ganhando.

Outra etapa a cumprir é Conhecer seus Preços. Não me refiro apenas ao preço de cada produto, e sim a tudo que está relacionado a este assunto. Tal como: modalidades de pagamento, condições de garantia, categorias de produtos de acordo com a faixa de preço etc.

O fato é que o assunto "preço" é extremamente delicado em qualquer processo de compra e venda. Portanto, titubear neste momento não é muito bom.

Além disso, poder adequar a necessidade de seu cliente a um produto dentro de uma faixa de preço relevante é ajustar, positivamente, a relação de custo-benefício, o que só facilita o fechamento do negócio.

Já pensou descobrir que uma mercadoria está com preço errado no caixa? Como dizer para o cliente isso? Se for para menos, ótimo (acredito que o cliente não vai se importar). Mas, e se o preço correto for mais alto que o informado originalmente ao cliente? Acho que quem já passou por isso sabe o problema que teve de enfrentar.

Portanto, esteja sempre atento aos preços e formas de pagamento disponíveis. Esteja atento às faixas de preços que dividem seus produtos. Descubra se alguma mercadoria está com seu preço errado ou alterado. Isso vai lhe trazer diversos benefícios, até mesmo tornará o pesado assunto do "preço" algo mais amistoso e fácil de lidar.

Outro procedimento é **preparar seu ambiente de trabalho.**

Antes de começar a atender seus clientes, certifique-se de que seu ambiente está realmente pronto. Ou seja, se tudo está em seu lugar e se você dispõe de tudo que pode precisar. Isso lhe dá a sensação de controlar o ambiente e poderá lhe dar a agilidade necessária para realizar mais e melhores vendas.

Já pensou em um representante comercial que descobre, diante do cliente que está visitando, que esqueceu sua tabela de valores ou algumas amostras de que o cliente poderia gostar... Ou, então, um vendedor de loja que descobre que algo novo chegou ou que um determinado item não está mais disponível, tudo isso na frente do cliente?

Como você se sentiria diante de um profissional que parece não muito preparado para aquilo que está fazendo? Inseguro? Pois saiba que é assim que seus clientes também vão se sentir.

Sabemos que clientes mudam da água para o vinho em instantes. Basta deixarmos passar o momento certo para não termos uma segunda oportunidade.

Por fim, talvez a etapa mais importante seja Conhecer seu Produto e/ou Serviço.

Atualmente, enganar está praticamente impossível. Ou você mostra que conhece aquilo que está oferecendo ao cliente, ou o próprio cliente vai perceber que você precisa estudar um pouco mais sobre os produtos e serviços.

Estou falando de conhecer a fundo todos os detalhes, diferenciais, argumentos de venda etc. Se não for possível conhecer tudo isso desde o início, nada impede que você pesquise e se desenvolva pouco a pouco.

Sem contar que, quando falo sobre conhecer o que se vende, também me refiro a conhecer tudo sobre o segmento em que se está inserido. Por exemplo: se você vende surf wear, precisa conhecer tudo sobre bermudas, pranchas, acessórios etc. Mas, também deveria conhecer a história do surf. Que praia está com as melhores ondas no momento, quem é o atual campeão de cada categoria, onde se realiza a melhor etapa do circuito internacional, e tudo mais que possa enriquecer seu relacionamento com os clientes.

Se você reparar, não é difícil manter esta rotina. Eu sei que dá trabalho, mas qual a profissão que não exige empenho de seu ocupante?

Como disse no início, está cada vez mais difícil realizar vendas. Portanto, não vá perder sucessivas oportunidades dizendo: "Puxa, foi mal, eu não sabia..."

BOAS VENDAS!

Sete estratégias para persuadir qualquer pessoa

Guilherme Machado

Gigantes das Vendas

11

GUILHERME MACHADO

(27) 3019-3600 / guilherme@guilhermemachado.com / www.guilhermemachado.com

Corretor de imóveis, palestrante, Coach, mestrando em Neuromarketing pela FCU – Florida Christian University/EUA.

Especialista em vendas, liderança e negociação com certificação pela University of Michigan/EUA. Com mais de 18 anos de vendas, já transformou mais de 1,5 milhaõ de profissionais no Brasil com seus cursos, vídeos e palestras.

O que fazer para os clientes comprarem mais de você? Como levar alguém a acreditar que o seu produto ou serviço é superior ao da concorrência e vale pagar 20% a mais?

Como fazer seu cliente parar de reclamar sobre preço e dizer mais "sim" nas suas negociações? As respostas para essas perguntas valem mais de R$ 1 milhão no mercado de vendas.

Todo vendedor gostaria de descobrir a fonte para vender sempre sem precisar recorrer a alavancas financeiras como incentivos, descontos ou gastar tempo e recursos valiosos para chegar aos resultados desejados.

Hoje, não somente o que é dito é importante, mas o como é dito tem um peso grande no processo de influência da tomada de decisão do seu cliente. E, cada vez mais, influenciar com assertividade está ancorado no ambiente psicológico em que as informações são transmitidas.

Portanto, é urgente que os vendedores saibam como explorar estrategicamente o ambiente psicológico do seu cliente, isto é, além de saber o que e como se fala, precisam explorar o inconsciente dos seus clientes, onde as decisões são efetivamente tomadas.

Para ativar este ambiente, aumentando o seu poder de persuasão e, consequentemente, a conversão das suas vendas, separei sete estratégias simples que te levarão a transformar seus resultados.

Essas estratégias estão fundamentadas na neurociência e por influentes estudiosos do campo da ciência da persuasão, mas vou apresentá-las de modo customizado para o segmento de vendas.

Estratégia 1 – Gere Autoridade

Quando o outro te percebe como um especialista em sua área de atuação, passa a confiar mais em você e, consequentemente, terá menos objeções a você e ao que diz. Por isso é importante se posicionar como uma autoridade. Mostre que tem domínio sobre o seu produto ou serviço, seu mercado e, principalmente, que você conhece o seu cliente e entende suas necessidades.

Para gerar autoridade, insira em seu atendimento dados de mercado, pesquisas, depoimentos de outros clientes que compraram de você, ou seja, trabalhe com informações que te posicionem como um especialista e que sejam importantes para a tomada de decisão do seu cliente.

Estratégia 2 – Faça As Pessoas Confiarem Em Você

Junto com a autoridade, a confiança forma o pilar para o sucesso de qualquer estratégia de persuasão. Transmita segurança e profissionalismo em seus atendimentos.

Estratégia 3 – Faça Seu Cliente Ouvir Sua Voz

Estudos da neurociência revelam que, quando você ouve alguém falar, seu cérebro começa a trabalhar em sincronia com quem está falando. Portanto, ouvir a sua voz pode ser muito eficaz.

Às vezes, eu enviava um e-mail com uma proposta para um cliente e passava dias sem retorno. Este impasse era sanado, por exemplo, com uma ligação telefônica, pois ao ouvir minha voz o cliente entendia melhor as minhas ideias e a mensagem que eu queria transmitir. Portanto, faça o seu cliente ouvir sua voz.

Estratégia 4 – Aprovação Social

Somos seres sociais, portanto, ter a aprovação das pessoas que nos cercam ou que são importantes para nós é de grande importância para nossa autoimagem. Por isso buscamos "aprovação" do outro.

Ou seja, sofremos com o medo da desaprovação, desta forma buscamos adotar comportamentos semelhantes aos das pessoas de nosso convívio ou que admiramos.

Inserir em seu atendimento depoimentos de pessoas que já compraram com você e que tenham um perfil similar ao do cliente que você está atendendo é um fator poderoso de persuasão. Então, peça depoimentos para seus clientes, construa evidências que possam ser utilizadas em seus atendimentos.

Estratégia 5 – Para Receber Um Sim, Induza As Pessoas A Dizerem Primeiro Um Não

Essa é uma tática conhecida nas ciências da negociação como uma "rejeição seguida de recuo", que é quando o vendedor apresenta uma oferta maior do que a outra parte poderia aceitar. Porém, após uma primeira recusa, o seu cliente fica constrangido em te dizer outro não, então você apresenta outra proposta mais razoável e recebe exatamente o que queria no início: o sim do seu cliente. Entretanto, seja coerente com a sua proposta.

Estratégia 6 – Use O Poder Do Arrependimento

Não há sensação pior do que o arrependimento. As pessoas detestam se arrepender e fazem de tudo para evitar este sentimento. Então, quando quiser que elas tomem uma atitude imediatamente, envolva-as quando estiverem se sentindo arrependidas. Elas evitarão se arrepender novamente e optarão em tomar a decisão de comprar desta vez.

O arrependimento motiva uma ação, pois é quando nos arrependemos de algo que criamos coragem para tomar uma atitude.

Estratégia 7 – Trabalhe Com Truques Da Mente

Não crie situações em que o cérebro do seu cliente precise trabalhar muito, torne as coisas mais fáceis para ele. Use palavras de fácil assimilação, explique na linguagem do seu cliente, recapitule tudo ao final. Se você entender esse truque da nossa mente, conseguirá converter drasticamente as suas vendas em quaisquer circunstâncias.

Com essas estratégias, eu estive sempre no time dos vendedores campeões. Tenho certeza de que se você assimilá-las e adequá-las à sua prática também alcançará os resultados que tanta deseja.

Te vejo no pódio! #QR

Melhore seu fechamento de vendas e triplique seus resultados

Jeremias Oberherr

Gigantes das Vendas

12

Jeremias Oberherr

contato@jeremiasoberherr.com.br / www.jeremiasoberherr.com.br

Especialista em venda comportamental e fechamento de vendas. É palestrante internacional e coach executivo. Conheceu o fantástico mundo das vendas aos 12 anos de idade, pelo qual é apaixonado até hoje. Desenvolveu suas habilidades passando por todas as etapas da venda e liderança. Começou como vendedor, depois foi supervisor, e aos 21 anos já era gerente de vendas de uma empresa que atua em todo o Mercosul, onde aos 24 foi promovido a diretor comercial, e depois como orientador de equipes de sucesso, sendo solicitado por várias empresas do mercado. Seu trabalho se destaca pelos resultados surpreendentes que as equipes por ele treinadas colhem usando ferramentas especializadas e ao alcance de qualquer profissional e também por serem realizados de forma personalizada, atendendo assim a real necessidade de cada cliente ou evento empresarial. Autor de diversos livros, CDs e DVDs.

Com certeza você já ouviu falar que tudo é venda, nada acontece sem que uma venda seja feita, que a profissão mais importante do mundo é a de vendedor, enfim, várias razões que aumentam o valor de nossa profissão. Mas pergunto: se tudo isso é verdade, se nunca se investiu tanto em treinamentos e palestras para equipes de vendas, por que mesmo assim existem pessoas que fracassam em vendas? Se existem ao menos dois vendedores vendendo o mesmo produto, pelo mesmo preço, para os mesmos tipos de clientes, por que um sempre vende mais que o outro?

Ouvi muito essas perguntas em minhas palestras e também ao realizar treinamentos nas equipes de vendas de muitas empresas pelo Brasil e exterior. Na verdade isso me incomodou tanto que resolvi investir tempo em pesquisar o porquê de isso acontecer. E eu descobri a grande falha.

Realmente muito se treinava os vendedores, principalmente nas etapas da venda, mas pouca atenção se dava ao ponto decisivo da venda, o fechamento, o momento do tudo ou nada.

É no fechamento que a venda é decidida. Você pode cometer várias falhas durante o processo da venda e, se você estiver bem preparado, salvar no fechamento. O contrário também é verdadeiro, você pode fazer tudo perfeitamente e pôr tudo a perder por não saber fechar a venda. Ao identificar esse problema, comecei a me dedicar ao estudo da arte de fechamento de vendas, pesquisei e testei técnicas e métodos aplicáveis em todos os ramos de produto/serviço.

É muito comum nós vendedores cometermos quatro falhas graves que dificultam o bom aproveitamento na hora do fechamento. Falhas que, se forem resolvidas, podem trazer resultados maravilhosos para você, assim como tiveram alguns dos vendedores treinados por mim e minha equipe. Resultados que variam de 22% de aumento ou até triplicar as vendas, como aconteceu com o Rodrigo (veja em meu canal no YouTube o depoimento dele). E agora vou ajudar você a não cometer esses erros e também aumentar suas vendas.

1) Não saber em que momento começa o fechamento da venda. Você sabe? Sempre faço essa pergunta e ouço diversas respostas. O fechamento da venda começa ao cliente entrar em sua loja ou você entrar na sala dele, caso você trabalhe com venda externa. Na verdade, se formos mais a fundo, o fechamento começa antes disso ainda, na hora de fazer uma boa campanha publicitária. Tudo que for feito desde a hora que seu cliente vê sua marca em um spot de TV, rádio ou outdoor, no momento em que entra em sua loja vai influenciar positiva ou negativamente no fechamento.

2) Não saber o posicionamento da empresa/produto. Muitos vendedores não sabem se o que vendem ou representam está posicionado no preço baixo ou diferencial. Por isso não sabem aproveitar bem seus argumentos nem mesmo montar uma estratégia eficaz.

3) Não identificam, ou às vezes não sabem identificar, o motivador de compra. Existem vários motivadores que levam uma pessoa a comprar um produto ou contratar um serviço. E todas elas podem se resumir em duas. O medo de perder e o prazer em ganhar. Duas pessoas podem procurar um mesmo produto por motivos diferentes. Se um cliente quer comprar algo motivado pelo prazer em ganhar e você usar razões e argumentos focados no medo de perder você tem grandes chances de perder a venda.

4) Não ter um método. Alguns vendedores até têm boas técnicas, mas usam-nas de forma desorganizada. Ter um método eficaz facilita e aumenta seus resultados no fechamento. Sem falar que mostra seu profissionalismo e gera segurança no cliente em comprar de você.

Para finalizar vou apresentar, de forma resumida e direta, mas que já irá te ajudar muito, um método que tem trazido resultados fantásticos para meus alunos.

• **Tenha controle emocional:** se você deixar transparecer que está tenso, nervoso, desconfortável ou inseguro na hora do fechamento, você poderá perder toda a segurança de o cliente comprar de você ou então fazer com que ele tire proveito da situação.

• **Use o poder da imaginação:** ao fazer seu cliente imaginar-se usando o que você vende já cria um sentimento de posse que aumenta a emoção em ter o produto/serviço. Para usar o poder da imaginação a seu favor é só começar a frase usando a palavra imagine. "Imagine, sr. Marcos, você dirigindo esse carro..."

• **Use o medo de perder ou o prazer em ganhar:** já falamos disso há pouco e agora está na hora de você potencializar o sentimento que motiva seu cliente a comprar. Vamos supor que um cliente esteja querendo um carro com o motivador medo de perder. "Marcos, esse é o carro dos seus sonhos e o senhor sabe que é um modelo muito procurado, por esse motivo eu não posso deixar reservado enquanto o senhor pensa..."

- **Não justifique preço:** é normal na hora do fechamento o cliente ainda querer argumentar mais um pouco sobre preço. Não cometa o erro de aceitar a "provocação" e rebater justificando e discutindo preço. É hora de relembrar benefícios e o valor agregado.

- **Faça perguntas direcionando as respostas:** ao fazer alguma pergunta, já faça dando opções a seu favor. Direcione as respostas que você quer ouvir, todas a favor da venda, é claro. "Marcos, o senhor irá fazer a vista ou a prazo?": eu não perguntei se ele iria comprar ou não, já dei duas opções que o fazem pensar numa resposta como se ele já tivesse comprado.

- **Parabenize seu cliente pela compra.** Aqui temos dois pontos importantes. Primeiro, que aumenta a certeza de ele ter feito um bom negócio. E outro é que o simples fato de parabenizá-lo pela compra diminui as chances de ele desistir em algum momento. Não tem nada mais desmotivador para um vendedor do que vender e depois "desvender".

Invista em conhecimento no fechamento de vendas, treine muito e os resultados serão surpreendentes. Eu garanto.

Desejo a você tudo de bom e muito mais.

Como líderes podem auxiliar na prospecção de clientes

João Batista Vilhena

João Batista Vilhena
jbvilhena@uol.com.br

Trinta e cinco anos de experiência profissional em treinamento, consultoria e coaching, nas áreas de Educação Corporativa, Gestão Estratégica, Varejo, Marketing, Negociação, Vendas & Distribuição. Doutorando em Gestão de Negócios pela FGV/Rennes (França), Mestre em Administração pela FGV e pós-graduado em Marketing pela ESPM/RJ.

Já atendeu mais de 300 empresas nacionais e multinacionais de diversos setores. Como palestrante participou de importantes eventos nacionais e internacionais, tais como ASTD (American Society for Training and Development) nos EUA em 2006, 2007 e 2010; CBTD (Congresso Brasileiro de Treinamento e Desenvolvimento) em 2006, 2007, 2008, 2009, 2010 e 2011; CRIARH; ABTD; ExpoVendaMais. É coordenador acadêmico dos seguintes MBAs da FGV: Gestão Comercial; Gestão de Varejo e Gestão Estratégica de Serviços.

Autor dos livros Manual para Montagem de uma Universidade Corporativa (ed. ABTD); Negociação e Influência em Vendas (ed. MVC); Certificação da Área Comercial (ed. MVC). Coautor de cinco livros: Marketing (ed. FGV); Manual de T&D (ed. Pearson); Gigantes da Venda (ed. Landscape), Gestão de Marketing (ed. FGV) e Gestão Social: metodologia e casos (ed. FGV). Colunista da Revista VendaMais há 10 anos, escreve regularmente artigos e resenhas em veículos especializados. Apresentador de 5 vídeos de treinamento produzidos pela COMMIT; produziu dois programas de e-learning - Vendas Consultivas e Negociação Comercial.

Existem muitas formas de prospectar clientes. Podemos fazer as chamadas "tentativas a frio" (bater na porta e perguntar a quem nos atende se precisa de nossos produtos); comprar listagens qualificadas (cartões de crédito e revistas por assinatura costumam vender esse tipo de material); fazer operações "pente fino" (delimitar um território geográfico e mapear todos os clientes potenciais existentes nele); consultar cadastro de clientes inativos ou ainda contratar vendedores possuidores de carteira de clientes atuantes.

Mas de que forma os líderes podem ajudar suas equipes no processo de prospecção? Vejamos algumas dicas:

Garantir Claros Padrões de Segmentação

Segmentar, como sabemos, significa classificar o mercado segundo critérios homogêneos. Pensemos em uma empresa que vende absorventes íntimos. Quem são seus clientes? Pessoas do sexo feminino, com idade variando entre 12 e 50 anos, que já passaram pela menarca e ainda não chegaram à menopausa são algumas respostas óbvias. Mas há muitas outras definições também importantes. Nosso produto é de uso popular ou mais sofisticado? Oferecemos vantagens comparativas que podem nos tornar mais adequados para determinados usos (abas laterais, aderência à calcinha, maior capacidade de absorção)? Vocacionamo-nos para uso diurno, noturno ou em qualquer hora do dia? Oferecemos vantagens competitivas como uso interno?

Responder de maneira clara e objetiva a essas questões facilitará muito que nossos vendedores escolham os clientes – ou canais de distribuição – que deverão priorizar para oferecer nosso absorvente.

Garantir um Posicionamento Fácil de Compreender

Qual o sabão em pó que lava mais branco? Tenho certeza que você não teve qualquer dificuldade em responder a essa pergunta. E qual é a cerveja que "desce redondo"? Mais uma vez a resposta surgiu com facilidade. Essa posição que determinadas marcas ocupam em nossas mentes recebe o nome de posicionamento. Segundo Al Ries e Jack Trout (dois importantes autores da área de marketing), a verdadeira "guerra" travada pelas empresas acontece na mente do consumidor. Se nós formos a marca mais conhecida ou a preferida dentro de uma determinada categoria, será muito mais fácil encontrar clientes que desejem nos comprar.

Líderes de vendas competentes auxiliam a área de marketing de suas empresas a dar identidade aos produtos, pois sabem que isso facilita em muito as vendas.

Ajudar a Formar Networking

Para quem é mais fácil vender: aqueles que te conhecem e confiam em você ou quem nunca te viu antes? É claro que a primeira resposta é a correta. Mas como fazer para conhecer pessoas? Em época de redes sociais, a resposta parece ser estar no LinkedIn, no Facebook, no Instagram e em outras mídias sociais. Estes são bons caminhos, mas existem outros. Participar de clubes (sociais, de serviços, filantrópicos), fazer parte de associações profissionais, atuar em organizações sociais também são formas interessantes de conhecer pessoas.

Líderes de vendas competentes estimulam seus liderados a participar dessas instituições e acompanham seus liderados em todas as oportunidades que surgem de conhecer novas pessoas.

Ensinar a Fazer Apresentações Sedutoras e Convincentes

Você já percebeu como as pessoas desperdiçam excelentes oportunidades de vender porque não sabem apresentar bem suas ofertas? Embora existam inúmeros métodos e técnicas de apresentação, em vendas é sempre importante saber falar de características, vantagens e benefícios. Características é aquilo que nosso produto tem. Vantagens o distinguem dos demais. Benefícios é aquilo que o produto pode fazer pelo cliente. Saber falar a linguagem do outro ajuda muito na compreensão das razões que devem ser consideradas pelo potencial cliente para fazer aquela compra.

Demonstrar a Importância do Modo de Trajar

Nós costumamos nos aproximar com maior facilidade das pessoas que são parecidas conosco. Essa semelhança deve ser observada o tempo todo e se expressa na forma como nos comportamos e nos trajamos nos mais diversos ambientes. Se você quer encontrar clientes para as pranchas de surf que vende, procure pessoas que se vestem como surfistas (e também se vista como elas). Se vende lanchas e iates, vista-se como um capitão de embarcação. Mas não adianta só se vestir adequadamente, se não souber falar a linguagem do outro. Tenha isso em mente quando estiver procurando clientes.

Por último, uma dica muito importante: o líder de vendas jamais deixa de treinar sua equipe em técnicas de prospecção. Lembremos que nas épocas em que as vendas ficam mais difíceis é que mais devemos investir no treinamento das pessoas. Essa regra constantemente é desrespeitada, pois existem empresas que pensam que quando estão vendendo pouco devem economizar de qualquer forma. Não é assim que funciona. Períodos de queda de vendas exigem que nós nos esforcemos mais e façamos melhor do que nossos concorrentes. Só pessoas bem treinadas e preparadas são capazes disso.

O QUE OS VENDEDORES TRADICIONAIS PODEM APRENDER COM AS STARTUPS?

João Kepler

GIGANTES DAS VENDAS

14

João Kepler
(82) 9308-0020 / www.joaokepler.blog.br

É reconhecido como um dos palestrantes mais sintonizados com Inovação e Convergência Digital do Brasil; especialista em e-commerce, marketing, empreendedorismo e vendas; investidor anjo, líder do núcleo Nordeste da @AnjosDoBrasil; participa em mais de 40 startups; associado nas investidoras Bossa Nova Investimentos e Seed Participações; cotista e mentor nas aceleradoras @StartYouUp e @85Labs; premiado pelo Spark Awards da Microsoft como Investidor Anjo do Ano 2015; empreendedor Serial; conselheiro da @GCSM Global Council of Sales Marketing; CEO na Plataforma SDI de Event Ticketing; colunista de diversos Portais no Brasil; palestrante internacional; escritor e autor dos livros "O vendedor na Era Digital" e "Vendas & Atendimento"; premiado em 2013 e 2014 como um dos maiores Incentivadores do Ecossistema Empreendedor Brasileiro; espalhador de ideias digitais e melhores práticas em negócios.

Liderou e formou vendedores autônomos porta a porta em vários segmentos como: consórcio, financiamento, seguro, telefonia, imóveis, carnê e compra programada; liderou a maior equipe de vendas direta do segmento Eletroeletrônicos no Brasil, com mais de 1.500 vendedores autônomos.

Em sua trajetória de grande Líder de VENDAS, a sua maior estratégia foi INOVAR na forma de pensar em vendas e se relacionar com os vendedores. Desenvolveu uma técnica própria para recrutar, treinar e manter equipes de vendas motivadas e produzindo.

Para começar, é importante entender o que é uma startup. As startups são empresas nascentes ou em estágio inicial com serviços e produtos de base Tecnológica. Basicamente são negócios que funcionam com um mapa mental diferente dos negócios tradicionais, pois são focadas em inovação, com modelo de negócios repetível e escalável (não aumenta estrutura para vender mais). Procuram utilizar um método enxuto de desenvolvimento, e, nesse sentido, todo o processo de gestão, operação e vendas de uma startup segue regras modernas no trato com as pessoas e com o mercado. Ou seja, um novo mindset.

Para quem tem um negócio tradicional, talvez conhecer startups ou esse tipo de modelo não faça a menor diferença. No entanto, especialmente levando em conta os tempos modernos em que vivemos e as transformações do mundo digital, acredite, as startups podem ensinar muita coisa útil, principalmente para as VENDAS.

A grande verdade é que a metodologia de desenvolvimento, gestão e criação de negócios como startup pode emprestar técnicas, sacadas e ferramentas que têm o poder de mudar a forma com a qual as pessoas tocam suas empresas, inclusive com possibilidades de simplificar seus processos, ampliar vendas, tracionar e multiplicar lucros.

Existem vários itens e características que podemos explicar para aproveitar das startups, mas quero concentrar em um único ponto neste artigo. O PITCH, que é muito usado por empreendedores de startups quando buscam investimento externo para bancar o projeto. PITCH é uma expressão americana usada no beisebol para designar o arremesso da bola, foi adaptado como um DISCURSO DE VENDAS no qual o vendedor lança argumentos e fatos para convencer o comprador a adquirir um produto ou serviço. Na verdade, é um discurso pré-elaborado e ensaiado para ser usado em qualquer oportunidade na qual o empreendedor precise 'vender' sua ideia para alguém, principalmente para um investidor, no caso da startup.

Um pitch é feito em apenas alguns minutos, rápido o suficiente para conquistar através das palavras certas, quanto mais focado no que realmente interessa, mais eficiente. A apresentação tem que ser assertiva para atrair a atenção do interlocutor. O objetivo do pitch é fisgar e deixar a pessoa interessada e conseguir fechar o negócio ali mesmo ou agendar uma próxima conversa.

É no pitch que o empreendedor consegue vender suas ideias com valores muitas vezes impensáveis nos padrões dos vendedores tradicionais. É nesse ponto que eu chamo atenção. Como, por exemplo, o WhatsApp conseguiu ser vendido para o Facebook por 22 bilhões de dólares sendo um negócio que nunca faturou R$ 1,00 sequer?? Como o empreendedor Itay Adam conseguiu levantar US$ 2 milhões apenas com uma ideia demonstrada em poucos slides de PowerPoint sem nada desenvolvido? Sim, isso é possível porque o pitch funciona realmente.

No caso das startups a receita para um bom pitch para investidor passa necessariamente por esta ordem de slides: exposição do problema, a solução, mercado, concorrentes, modelo de negócio, demonstração, equipe, expectativas, investimento e um grand finale. O que não seria muito diferente para uma venda tradicional.

Então, a ideia é exatamente essa. Apresentar para os leitores da Venda Mais como o vendedor tradicional pode fazer um pitch matador de vendas. Pode até parecer fácil, mas não é! Quanto maior o domínio do negócio por parte do vendedor, maior a sua dificuldade em escolher o que é mais relevante para reduzir em um discurso de alguns segundos. A tendência natural é que ele queira falar apenas da parte técnica ou focar no mercado algum aspecto de domínio dele que não necessariamente é o que mais vai chamar a atenção do ouvinte. Por isso, entender esse mecanismo que foca na perspectiva de quem vai ouvir sua proposta de vendas.

Vamos simular dois modelos de pitch para vendedores tradicionais

Elevator pitch – 30 segundos no elevador: o vendedor encontra alguém com quem ele quer falar para vender na porta do elevador e só tem o tempo do térreo até o oitavo andar para chamar atenção e conseguir vender. Poucos espaços são tão confinados e democráticos quanto um elevador. Não é mesmo? O interlocutor não pode escapar e é obrigado a ouvir o vendedor até chegar ao seu andar. O que normalmente você falaria para este prospect neste tempo? Então pitch nele!! Comece apresentando um problema, depois mostre a solução. Simples assim! Como poderia ser um pitch de um vendedor de consórcio, por exemplo: "Fulano, o dinheiro sumiu do mercado, essa crise tem feito as pessoas pisarem no freio! Não é mesmo? Sabia que as vendas de carros diminuíram por isso? Mas enquanto uns choram outros vendem lenços. Sabia que as vendas de consórcio estão crescendo quase 10% ao mês? Ah, eu também prefiro o consórcio, as pessoas investem e poupam ao mesmo tempo sem pagar juros, aí fica mais fácil trocar de carro ou comprar um novo, não acha? Você tem consórcio? Posso te mostrar algumas opções!" Neste momento você tenta pegar o contato dele (WhatsApp/e-mail), entrega seu cartão ou engata uma conversa na saída do oitavo andar.

Perceba que a mensagem deste exemplo foi passada baseada em três pontos usando a técnica Hell (inferno), Heaven (céu) e o HowTo (como resolver), ou seja, qual o problema, a solução e como resolver, com perguntas para envolvimento.

Pitch de 3 a 5 minutos: continua com muito pouco tempo, então tem que ser sucinto e ao mesmo tempo explicar todo o contexto para conseguir ser efetivo. Mas cuidado para não falar feito uma metralhadora para dar o máximo de conteúdo no pouco tempo que tem. A pessoa não vai conseguir prestar atenção em tudo. Ao invés disso, procure usar uma sequência lógica, como enredo mesmo. Comece com uma pergunta, conte uma história, apresente o problema no mercado e encaixe a sua solução, demonstre o produto ou serviço, fale de mercado, concorrentes, vantagens, valores (se não for um diferencial, mostre de forma superficial) e arremate a venda.

Agora imagine a seguinte cena real de um pitch ERRADO (que não segue essas orientações): um corretor de imóveis me procurou e tentou agendar uma reunião para me mostrar uma incrível oportunidade (segundo ele), insistiu nesse encontro, demorou mas finalmente marquei o encontro, mas eu pontuei que teria de ser rápido porque seria em uma janela entre uma reunião e outra, mas já adiantei que não tinha interesse em comprar nenhum imóvel. Chegando lá, ele me disse: "Senhor João, vim lhe mostrar uma incrível oportunidade que não tem como dizer não porque é muito barato e tem um retorno sensacional. Trata-se de um apartamento na planta no edifício XXX, no bairro tal, com 3 quartos, que pode ser pago em suaves prestações sem entrada". Eu respondi: "Sei, mas quem disse que minha família cabe em um apartamento de 3 quartos?" Ele rebateu: "Ah, são quartos enormes e a localização compensa, fica ao lado do supermercado xxx." Aí não aguentei e perguntei: "Amigo, você sabe onde eu moro? Quantos filhos eu tenho? Qual o meu padrão de vida? Pois é, não me interessa por esses motivos". Ou seja, pessoal, não me conhecia e, pior do que isso, perdeu uma oportunidade de fazer um pitch matador, preferiu o velho malho de vendas padrão focado no produto e não no cliente.

Pois bem, para engajar o seu interlocutor ou sua audiência é preciso conhecimento, preparo, estudo, treino e, claro, impactar e encantar o seu prospect em pouco tempo e em todos os sentidos através de um bom pitch.

Então vamos lá, vou deixar aqui alguns passos para um bom pitch de vendas para vendedores tradicionais:

Passo 1 – *Pesquisar o seu público.* Certifique-se de que você sabe tudo possível sobre a empresa e o indivíduo que vai ouvir o seu discurso de vendas. Descubra antes quais são as necessidades específicas dos negócios dele, de quem ele compra e como eles se relacionam com a necessidade que o seu produto ou serviço atende. O que eles vão ganhar por passar a trabalhar com você?

Passo 2 – *Pitch para a pessoa certa.* A pessoa que pode decidir sobre o uso de seu produto ou serviço é a pessoa que deve ouvir o seu discurso. Descubra quem toma decisões. Uma vez que você tenha identificado a pessoa mais adequada para ouvir seu discurso, agendar uma entrevista com ela. Saiba quando é mais conveniente para ela.

Passo 3 – *Conte uma história no seu pitch.* Diga uma anedota ou história pessoal sobre o seu produto ou serviço. Use isso como um gancho para apelar à emoção do seu cliente. Use uma linguagem simples. Esforce-se para ser claro e de fácil entendimento. Não use jargões na sua apresentação, a menos que seja padrão em sua indústria usar certa terminologia. Não assuma que o seu comprador vai saber automaticamente o que você está falando, portanto, usar linguagem simples é o melhor.

Passo 4 – *Trate seu pitch como uma conversa.* Uma característica importante de um bom pitch é passar a sensação de uma comunicação bidirecional com o seu público. Você já deve saber as necessidades do prospect porque já fez sua investigação, portanto, conte a sua história para descrever o contexto do que quer vender para tornar aquele momento inusitado ou único. Se você não se sentir confortável ainda tentar envolver o seu público enquanto fala, deixe para uma sessão de perguntas e respostas após seu pitch. Isto irá dar-lhe uma chance de fazer perguntas e obter mais informações. Também faça perguntas, principalmente se essa pergunta for no começo para chamar atenção a um ponto específico. Por exemplo: "O senhor conhece a dificuldade que existe para comprar material escolar?" Perguntas ao longo do pitch podem cansar mas, por outro lado, podem te trazer informações que você pode não possuir para entender melhor as necessidades deles.

Passo 5 – *Não esqueça de pontos importantes a serem falados:*

1. O nome da sua empresa (ou seu nome, se você estiver trabalhando como autônomo).

2. Os produtos ou serviços que fornece. "O que está nele para mim": diga ao seu comprador o que ele vai ganhar com a compra de seu produto.

3. Descreva como o seu cliente irá se beneficiar. Este é um dos fatores-chave para um bom pitch. Seu cliente nem sempre está interessado em quantos prêmios ganhou o seu produto, ou em quantas lojas você tem a mercadoria. Eles querem saber como o seu produto ou serviço irá melhorar o seu negócio e tornar a sua vida mais fácil.

Passo 6 – *Fale de mercado.* Demonstre o quanto entende do mercado, qual o share, mostre números, pesquisas com fontes confiáveis, apresente o encaixe do seu negócio nesse contexto.

Passo 7 – *Demonstre o seu produto no pitch.* Se você tem um produto que pode ser demonstrado, por exemplo, como facas afiadas podem cortar uma corda ou removedor de manchas pode eliminar manchas de tinta, incorporar esta demonstração em seu campo.

Passo 8 – *Diferenciar de seu concorrente.* Descreva como seu produto ou serviço é diferente dos outros que oferecem produtos similares. Concentre-se em como o seu produto é original ou como você pode dar um serviço personalizado. Nunca fale mal da concorrência, use seus pontos fortes e features para superar tudo.

Passo 9 – *Mantenha o pitch curto mesmo que tenha tempo.* Ser capaz de obter os pontos mais importantes no primeiro minuto. Após este ponto, os compradores podem começar a perder o interesse se eles já decidiram contra o seu produto. Seu passo provavelmente vai durar muito mais tempo do que 60 segundos. Esperamos que tenha ao menos 15-30 minutos, dependendo do tipo de produto ou serviço; gastar muito do seu tempo construindo uma conversa.

Passo 10 – *Prepare respostas às acusações.* Seu cliente pode encontrar razões para recusar o seu discurso de vendas. Esteja preparado com respostas a estas acusações. Faça uma lista das 10 principais razões por que alguém poderia dizer que eles não precisam ou querem seu produto. Respostas padrão para cada uma delas.

PASSO 11 – *Use com cuidado os efeitos visuais.* Alguns vendedores usam muito bem recursos visuais, como slides do PowerPoint, eu, por exemplo, adoro! São muito úteis para atrair atenção no que eu quero falar naquele momento. Tente usar no máximo 10 slides, mas muito cuidado, auxílios visuais podem ser uma distração se não forem bem feitos e se tiverem muito texto. Você pode começar a transformar o seu foco para apenas ler os slides em vez de conversar com o seu público.

Lucratividade em tempos de crise: como vender mai$ e melhor em tempos difíceis?

Jociandre Barbosa

Gigantes das Vendas

15

JOCIANDRE BARBOSA

(88) 9-9770-5821 (WhatsApp) / contato@jociandre.com.br /
www.jociandre.com.br / www.unisv.com.br

É apaixonado por vendas, profissão que exerce desde os 12 anos de idade. É CEO da Universidade do Sucesso em Vendas, consultor em identificação e ampliação dos canais de vendas de pequenas e grandes empresas em todo o Brasil e realiza treinamentos para motivação e formação de equipes desde 1999. É palestrante exclusivo da Patriani Palestrantes e autor dos livros "Super Vendas: Os Segredos dos Vendedores Milionários", "Formação de Líderes de Alta Performance" e "Gestão Sem Congestão".

esse momento tem gente falando em crise, enquanto outros falam em oportunidades. Mas, sabe de uma coisa? A crise realmente existe! Em diversos períodos de nossa história podemos presenciar crises políticas ou tragédias que afetam a economia de uma ou de várias nações. No entanto, conheço vendedores que usam a crise como desculpa para sua própria incapacidade ou falta de coragem de seguir em frente.

A Universidade do Sucesso em Vendas (UNISV) realiza pesquisas mercadológicas que visam entender o comportamento de clientes e o comportamento de empresas e seus vendedores em diferentes situações. Os resultados das pesquisas são utilizados para atualização constante de nossos cursos de formação e treinamentos para gerentes e vendedores, além de palestras. Em uma dessas pesquisas nós observamos que empresas com a mesma segmentação de mercado em uma mesma localidade e com potencial competitivo aparentemente similar podem reagir de formas totalmente diferentes em períodos de crise, como demonstra o gráfico seguinte, enumerando seis casos distintos:

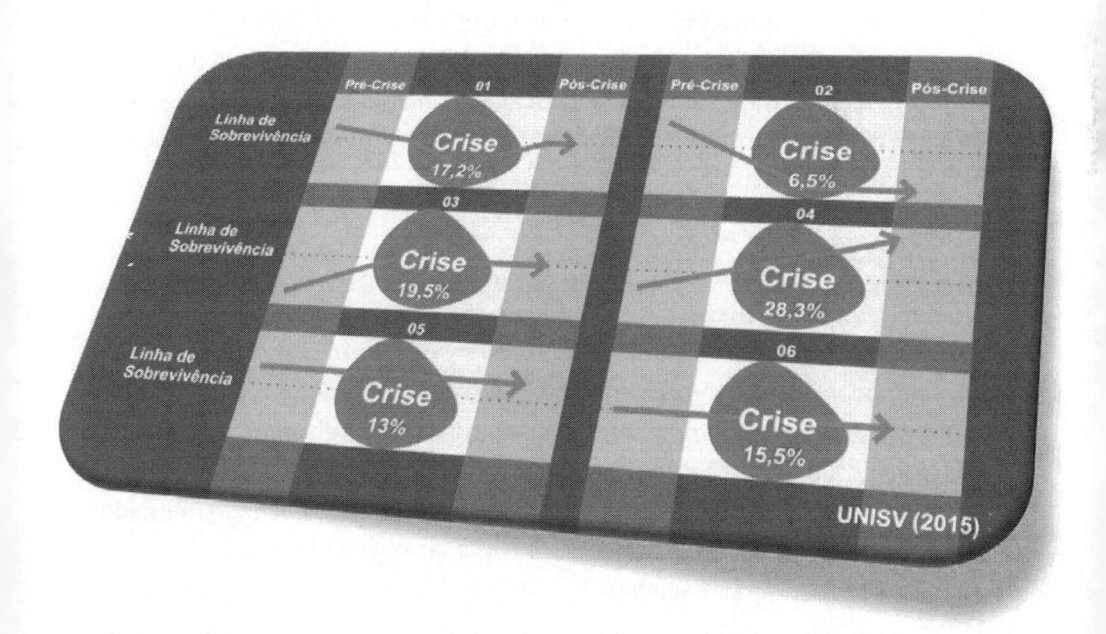

UNISV (2015)

O **item 1 da figura** representa aquelas empresas que no período pré-crise estiveram acima da linha de sobrevivência do mercado, mas que no período de crise colocaram-se abaixo da mesma. No entanto, no período pós-crise elas conseguiram manter seus negócios vivos (17,2%). O **item 2** representa as empresas do mesmo segmento e que também se encontravam acima da linha de sobrevivência no período pré-crise, mas que no período de crise desceram essa linha e permaneceram em queda até fecharem suas portas (6,5%). O **item 3** representa as empresas que se encontravam abaixo da linha de sobrevivência, mas que conseguiram, mesmo em período de crise, obter estabilidade (19,5%). O **item 4**, por sua vez, representa as empresas que se encontraram em crescimento contínuo apesar da crise, sem explosões de crescimento, mas em desenvolvimento constante (28,3%). Os **itens 5 e 6** representam, respectivamente, as empresas que se mantiveram todo o tempo acima da linha de sobrevivência ou em equilíbrio em todo o período (13% e 15,55).

Devo ressaltar que essa pesquisa foi aplicada a grupos de empresas em um mesmo segmento em diferentes estados brasileiros. Diferentes grupos foram analisados e os resultados mensurados para confecção do gráfico ora apresentado. Outros casos foram encontrados, no entanto, esses da figura tiveram maior destaque por seu percentual de incidência. O fato é que: tanto é possível falir em tempos de crise, como é possível encontrar soluções para vender mais e melhor no mesmo período.

Como explicar isso?

Em tempos de crise o dinheiro não acaba, apesar de ficar mais escasso, e o cliente vai continuar comprando. A diferença é que, devido à redução em seu poder de consumo, ou mesmo por sua insegurança a respeito do futuro (insegurança essa implantada pelo alarde criado pela indústria da crise na mídia nacional), o cliente ficará mais seletivo ao fazer suas escolhas. As empresas que conseguem se manter na faixa de sobrevivência do mercado ou se sobrepor a ela nesses períodos são aquelas que estão preparadas para ajudar o cliente em tais escolhas.

É nos momentos escuros que as estrelas brilham. A recessão é uma ótima oportunidade para as empresas competentes se destacarem, e assim aumentarem a sua fatia de mercado. Fatia essa que foi perdida pelas empresas incompetentes. Por isso, não importa a situação em que a economia se encontre, no momento ou lugar em que você lê esse livro, sempre vai haver empresas que crescem e empresas que fracassam.

O QUE FAZER NOS PERÍODOS DE RECESSÃO?

1. Retenha seus clientes. Busque cada vez mais entender e atender suas reais necessidades. Busque aprender cada vez mais sobre o seu mercado, ampliando e aperfeiçoando os seus canais de vendas, treinando sua equipe para fechar mais negócios. Estudando as reais necessidades do cliente, talvez você até perceba que esse é o momento ideal para fazer grandes investimentos. Talvez esse seja o momento de você lançar produtos, ampliar os pontos de vendas, contratar mais vendedores, ou ampliar sua participação no mercado. Afinal, o primeiro objetivo é não perder a carteira de clientes que você já tem. Acredite: seu concorrente nunca esteve tão de olho nela.

2. Pare de respirar a crise. A crise sempre existiu, ela é tão antiga quanto a morte. O que muda então? As barreiras da crise mudam de lugar. Dessa forma, o vendedor de sucesso deve se adaptar ou se preparar para as mudanças, encontrando soluções lucrativas para o seu negócio, de olho nas oportunidades que se tem e não naquelas que foram perdidas devido à situação do mercado. Se for preciso, desligue a TV no noticiário (pare de ouvir más notícias). As empresas que crescem em meio a momentos difíceis do cenário econômico têm gestores que decidem não participar da crise. A crise existe, sim. Mas, se sua empresa não está vendendo como seu concorrente, talvez seja porque tem algo errado com sua gestão. Não acha que é o momento ideal para avaliar suas estratégias e desenvolver suas habilidades, ao invés de cruzar os braços e ficar respirando a crise?

3. Prospecte mais. Capacite seu pessoal na arte de prospectar. Seu primeiro investimento deve ser voltado à retenção de sua carteira de clientes, porém, não deixe de prospectar. A prospecção de novos clientes garante a sobrevivência e crescimento da organização mesmo que imprevistos maiores ocorram no futuro. Prospecte em curto, médio e longo prazo e implante a prospecção como rotina em sua equipe com metas bem definidas. Muitas empresas não conseguem atingir a sua meta de vendas, porque não possuem uma meta articulada para prospecção. Se esse for o seu caso, mude sua política de vendas já!

4. Feche mais vendas. Com a redução das oportunidades o vendedor de sucesso busca melhor aproveitá-las, desenvolvendo sua competência para isso. Competência para cortar custos operacionais e não para cortar os investimentos em sua equipe de vendas. Os peixes reduziram? Treine seu pessoal para pescar melhor!

A matemática é simples: se antes você conseguia fechar negócio com 40% dos clientes que visitava ou que atendia em sua empresa, com a redução do fluxo, agora você precisa fechar vendas com 60% ou mais. E, para isso, não basta ter o melhor produto ou serviço, não basta ter um atendimento de qualidade, estes, por sua vez, são pré-requisitos obrigatórios. Hoje, diferenciar-se do mercado é aprender de verdade a arte da venda, que se resume em: Descobrir a real necessidade do cliente, ajudando-o a tomar a melhor decisão para aquela ocasião, e ser bem recompensado por isso.

Sua empresa está preparada para lucrar mais em tempos de crise? Ou fará parte das estatísticas daquelas que entregam a sua fatia de mercado para o concorrente competente? Diga-me como posso ajudá-lo. Acesse: www.jociandre.com.br e conheça nossas soluções para expansão e fortalecimento de seus canais de vendas.

Planejamento como ferramenta de fechamento em vendas

José Augusto Correa - JAC

José Augusto Correa - JAC

(47) 3063-0233 / contato@joseaugustocorrea.com.br / www.joseaugustocorrea.com.br

Empresário, palestrante, consultor, professor, auditor, coach, escritor, coautor de nove livros na área de gestão, possui 11 certificações nacionais e internacionais na área de gestão, enxadrista com titulação internacional (FIDE Arena International Master), trabalha com gestão positiva de resultados atuando em 14 áreas atendendo tanto pessoas jurídicas como físicas. Possui mais de 98% de satisfação em seus trabalhos. Iniciou a carreira em 1996. Palestrante premium. Treinou mais de 42 mil pessoas. Conhecido pela maneira simples e eficaz de seus trabalhos, possui índice de satisfação de 98%.

Prezados leitores, é um prazer estar novamente com vocês.

Empresas que não se planejam estão ao acaso e dificilmente o sucesso virá. Muitas vezes esquecido, o planejamento é parte vital do negócio e, por sua vez, das vendas. Não falamos do que é feito uma vez por ano e sim do planejar o dia a dia, cada venda, cada conquista e não somente listar as promessas que devo atingir se tudo correr bem!

O mercado está em constante mudança e de repente nada mais foi como o planejado. Aí é que o planejamento se faz necessário de forma constante. Chamo isso de Gestão Estratégica, a constante adaptação da gestão às mudanças e a capacidade desta de se adaptar. Aí entra o que veremos a seguir.

Deixe-me lhe contar uma história para ilustrar o que vamos discorrer ao longo do texto. No xadrez temos todos estes elementos: estratégia, tática, foco no adversário (podemos interpretar como foco no cliente), preparação, autoconfiança, visualização, planejamento e objetivos. Como sou muito competitivo, procurando uma evolução, encontrei um professor que é Grande Mestre. Para minha surpresa, eu com mais de 2 mil livros, ele me pediu para treinar o básico: estes tópicos que citamos, fortalecendo cada vez mais meu jogo nos pontos base como chave para conquista do resultado.

Como aplicar isso em vendas?

Existem vendedores que possuem um resultado legal, porém não constante. Mas vi pessoas fantásticas que saíram da profissão. Na maioria, uma coisa se repete: a falta de resultados por desconhecer o básico. Claro, sabemos que vários vendedores acham que sabem tudo e que básico é para o estagiário. Aí os pecados mais simples vêm à tona e é quando percebem que a coisa não era tão boa assim.

Para que você fique no time vencedor, convido você a rever o básico, que resumo a seguir:

PRÉ-VENDA: preparação para a venda, desde o mapeamento do mercado até a identificação do prospect. Aqui começa a venda efetiva. Não fazendo isto bem não conseguirá vender. Maior parte das vendas são perdidas aqui.

VENDA: praticar o pré-venda. Foco no cliente e orientar seu processo de compra durante todo o processo. Venda é relacionamento, crie mecanismos para se relacionar com seu público-alvo.

PÓS-VENDA: é onde o cliente tem a experiência com a empresa e onde o fidelizamos. Você deve garantir que o padrão vendido é realizado. Uma boa experiência leva o cliente a comprar novamente.

PREÇO X VALOR: preço não existe como variável de venda. Forte isso. Só existirá quando o vendedor não conseguir provar o valor do seu produto ao cliente, existirem concorrentes iguais (empresa, atendimento e produto), sua argumentação de valor for falha ou não representar nada para o cliente.

DECISORES DA VENDA: são motivos de perda de velocidade e negócios quando não controlados: poder de decisão, orçamento, necessidade e tempo.

Tendo isto em mente, devemos seguir os seguintes passos:

• **Definir o objetivo** (o quanto, o que e para quem quer vender).

• **Planeje como chegar lá** (quanto cada vendedor deve vender, onde, recursos, treinamentos, motivação e: o que, quem, até quando e quanto custa).

• **Defina como vai controlar isso diariamente.**

• **Cobrança dos resultados:** não seja convalescente com o medíocre. Existem desculpas e causas, não as confunda. Não conseguiu o resultado: causas e ação abrangente. As ações devem ser imediatas.

Prepare-se mentalmente para vencer. Faça uso de meditação e visualização (ver a venda feita e você vitorioso). Isso é poderoso. Você irá ter mais autoconfiança e verá que o processo será muito mais fácil de ser concretizado.

BOAS VENDAS!

Como brilhar em vendas na "Era da Experiência"

José Ricardo Noronha

Gigantes das Vendas

17

José Ricardo Noronha

(11) 3434.6488 / josericardo@paixaoporvendas.com.br

Bacharel em Direito pela PUC/SP e MBA Executivo Internacional pela FIA/USP com módulos internacionais na EM Lyon Business School na França, na Universidade de Cambridge na Inglaterra e na Vanderbilt University nos Estados Unidos. Tem especialização em Marketing, Empreendedorismo, Empreendedorismo Social e Vendas pela Vanderbilt University (Owen Graduate School of Management) e atua como Professor dos prestigiados Programas de MBA da FIA. É autor dos livros "Vendedores Vencedores" e "Vendas. Como eu faço?". Através da sua consultoria "Paixão por Vendas" é hoje um dos maiores palestrantes e consultores de vendas do Brasil, onde atende gigantes como Alphaville, Banco do Brasil, Bradesco, Caixa, DuPont, Galderma, Itaú, Janssen, Johnson & Johnson, Marfrig, Merck, Natura, Perdigão, PwC, Sadia, Santander e Vivo dentre inúmeras outras. Tem seus cursos online comercializados através do maior portal de educação do Brasil, o UOL Educação.

Você já parou para pensar em quantas são as empresas que têm superado as suas expectativas e gerado experiências de compra realmente marcantes e idealmente espetaculares ao longo dos últimos 12 meses? Penso que a resposta deva ser algo como: "Wow, Zé, poucas empresas! Pouquíssimas empresas!"

Para te ajudar a incorporar o conceito de "economia da experiência" em seu negócio, eu compartilho abaixo quatro dicas bastante práticas que uma vez implementadas trarão resultados visíveis aos seus clientes (sim, o foco é sempre encantar o cliente através de experiências memoráveis e transformá-lo em "fã") e consequentemente nos seus resultados de vendas.

1. Saia para a rua! Uma dica bastante prática e poderosa é aproximar-se o quanto puder dos seus clientes e aproveitar toda e qualquer interação que tenha com eles para questioná-los sobre "a quantas andam" as experiências que eles têm vivido com sua empresa, levando em consideração todos e quaisquer "pontos de contato" que ele tenha com você e sua empresa. O ideal é que esta coleta de dados tão cruciais se dê antes, durante e depois de efetivadas as compras e contratos propriamente ditos. Enfim, capture o máximo de informações que puder para se certificar de que nenhum elo da sua "cadeia de experiências" tem causado prejuízo à "cadeia" como um todo. E tenha certeza de que, se continuar a fazer isso no conforto da sua cadeira, só continuará a perder oportunidades singulares de interagir e aprender com seus clientes "ao vivo", que é quando você consegue capturar, além de informações e dados, os sentimentos e sonhos deles. Pense nisso!

2. Mime ainda mais seus clientes mais fiéis e leais. Descubra o quanto antes puder quem são os seus clientes que têm tido as melhores experiências com sua empresa e ofereça a eles os maiores e melhores "mimos" que puder. Busque compreender as necessidades, desejos e sonhos destes clientes e principalmente o que eles efetivamente valorizam no relacionamento com a sua empresa. Além de tratá-los (como verdadeiramente o são) como VIPs (clientes muito importantes de verdade, ou como a Disney nos ensina: clientes muito individuais), estimule-os o tempo todo a compartilharem suas experiências com amigos e familiares.

Importante reforçar que, uma vez implementadas, estas "campanhas" têm impacto direto na redução significativa do CAC – Custo de Aquisição de Clientes, e também ajudam na criação de clientes ainda mais leais por se sentirem importantes e valorizados ao dividirem suas boas experiências com as pessoas de que mais gostam.

3. **TRANSFORME AS VISÕES DO CLIENTE EM MELHORIAS.** Não basta apenas capturar o que o cliente pensa sobre a sua empresa através de pesquisas, feedbacks etc. Mais fundamental que isso é transformar estas importantes contribuições em produtos e serviços ainda mais customizados, personalizados e focados em incrementar a experiência dele com a sua empresa como um todo. Foi através dos feedbacks dos seus "convidados" que a Disney criou o sistema "Fast Pass", exatamente para minimizar a chateação das longas filas ao oferecer ao cliente a possibilidade de retornar à atração em um horário específico e sem fila.

4. **CRIE UMA CULTURA REAL DE FOCO NO CLIENTE E DE FOCO DO CLIENTE.** Levando em consideração que apenas 50% das empresas de fato criam e disponibilizam produtos e serviços personalizados e customizados às necessidades dos seus clientes (ainda que 95% das empresas afirmem e acreditem que já o fazem), a sua tarefa e a dos seus líderes é criar uma cultura real de foco no cliente e foco do cliente. Mas Zé, qual é a diferença entre "foco no cliente" e "foco do cliente"? De forma bastante simplificada, "foco no cliente" está mais ligado a trabalhar o bom entendimento das necessidades dos clientes e mercados que sua empresa serve. É algo, que sejamos bastante sinceros, muita gente já faz, o que traz um conceito muito maior de comoditização e consequentemente de não diferenciação.

Por outro lado, o "foco do cliente" é de fato calçar os sapatos do cliente e se colocar de verdade no lugar dele através de atitudes fundamentais como solidariedade, cooperação, humildade, interesse genuíno e entendimento pleno dos cenários e possibilidades que o cliente tem à sua frente, o que lhe permite oferecer a ele o que ele de fato valoriza e criar um relacionamento muito mais duradouro e de aprendizagem mútua, vez que um colabora com o sucesso do outro em um círculo virtuoso onde todos ganham.

Resumidamente: não basta dizer que você e sua empresa são focados no cliente! O que vocês realmente precisam é ter o foco do cliente e criar uma cultura que o coloque (de verdade) como o centro de todas as suas decisões estratégicas e ações práticas.

Receba as boas-vindas à "Era da Experiência"!!!

O mundo (das vendas) é plano!

Luiz Gaziri

Gigantes das Vendas

18

Luiz Gaziri

(41) 3010 2700 / info@luizgaziri.com / www.luizgaziri.com

É escritor, palestrante, instrutor de treinamentos e professor universitário na FAE Business School em Curitiba/PR. Trabalhou como executivo por quase 20 anos em empresas de variados portes e segmentos. É o único profissional do Brasil a apresentar um conteúdo inteiramente baseado em comprovações científicas relacionadas aos negócios, obtidas por universidades como Harvard, Wharton e Stanford.

Tem MBAs pela Baldwin-Wallace University (EUA) e pela FAE Business School, estudou Liderança na London Business School (ING) e Administração de Empresas na FAE Business School. Destina parte dos recursos de todas as suas palestras e treinamentos para projetos sociais no Brasil e em países menos favorecidos.

Nós temos certeza a respeito de como diversas coisas funcionam no nosso mundo: o sol nasce a leste e põe-se a oeste, exercícios físicos fazem bem à saúde, fumar pode causar câncer, plantas necessitam de água para crescer e vendedores têm melhor performance quando ganham comissão.

Parece que, apesar de estarmos cientes sobre o funcionamento de muitas coisas da natureza, ainda temos um conhecimento limitado sobre o funcionamento da **natureza humana.** E se estivermos errados quanto ao funcionamento de comissões e vendas? E se comissões trouxerem *pior* performance em vendas? Se vendedores que não ganham comissão venderem *mais* do que os que ganham? Eu sei, muitas pessoas irão pensar que estou louco, a não ser quando descobrirem que os fatos citados acima são frutos de anos de **descobertas científicas** de universidades como Harvard, Duke e Wharton.

Logo que eu descobri o que a ciência comprovava sobre comportamento humano e vendas, também tive dificuldades em aceitar. Nesta época, eu era um executivo da área de vendas e uma das minhas atribuições, inclusive, era desenvolver planos de comissionamento. Até que um dia eu digitei "motivation" no Google e dei de cara, pela primeira vez na minha vida, com um artigo científico. Ao ler que tudo o que eu acreditava não funcionava, que tudo o que me ensinaram na faculdade não era verdade e que o que todos os meus chefes me disseram sobre como as pessoas se comportavam não tinha comprovação alguma, fiquei desesperado e resisti até o último para acreditar. Mas este desespero pela minha falta de conhecimento e, até, ingenuidade em não me questionar sobre a eficácia destas estratégias, me levou a estudar ainda mais e a descobrir coisas fantásticas. Hoje, mais de dez anos após esta descoberta, minha visão sobre estratégias de vendas, gestão de pessoas e negociação mudou radicalmente graças à ciência. Sem estas descobertas, dificilmente eu teria crescido da forma como cresci em minha carreira e na minha vida pessoal – hoje, com 25 kg a menos, até minha alimentação é baseada em descobertas científicas.

Neste artigo, quero compartilhar com você tudo o que levei anos para descobrir sobre estratégias de vendas: mais especificamente sobre remuneração, premiações, motivação, metas e rankings. Com o passar dos anos, percebi que o desempenho de uma equipe de vendas depende muito mais da **estratégia interna** do que da **vontade própria** ou da **habilidade** dos vendedores. Vendedores incríveis num ambiente com estratégia ruim terão performances pobres, porém, vendedores medianos num ambiente com uma estratégia excelente podem ter performances surpreendentes.

Vejamos como uma simples mudança na estratégia de remuneração de uma empresa pode causar um aumento significativo nas vendas e no faturamento. Em 2005, o professor Dan Ariely, atualmente na Duke University, descobriu junto com diversos colegas que em tarefas que exigem *apenas esforço físico e coordenação motora* incentivos financeiros *funcionam* da forma como esperamos: quanto mais as pessoas recebem, melhor o resultado de seus trabalhos. Mas, ao oferecer incentivos financeiros para as pessoas resolverem *tarefas que exigiam criatividade,* o resultado foi contrário: "Em oito, das nove tarefas dentro dos três experimentos, *incentivos maiores levaram a uma pior performance"*, concluiu o estudo. A profissão de vendedor atualmente é muito mais complexa do que era há alguns anos, quando o cliente não tinha acesso fácil a informações. Hoje em dia, as habilidades mais exigidas de um vendedor não são mais entender tudo sobre o produto e contornar objeções. Num mundo complexo e abundante em informações, o vendedor atual deve ajudar o cliente a tomar decisões estratégicas, dar ideias sobre novas formas de lucrar e participar ativamente do planejamento da empresa do cliente - algo que exige grande criatividade, exatamente a habilidade que não combina com incentivos financeiros. Uma das descobertas mais importantes deste estudo, porém, foi o fato de que apenas 16,7% das pessoas tiveram melhor performance nas tarefas quando foram incentivadas financeiramente. Isto explica por que todas as equipes de vendas seguem o mesmo padrão: de cada dez vendedores, um ou dois vendem muito mais do que os demais. Apenas uma minoria de pessoas consegue vencer as barreiras psicológicas de poder ganhar dinheiro para realizar uma tarefa, manter-se tranquilo e ainda ter melhor performance. Neste estudo, *70,8% das pessoas tiveram pior performance quando podiam ganhar, em alguns casos, até cinco meses de salário.* Uma das responsabilidades de uma empresa é criar sistemas de trabalho em que 100% das pessoas possam vencer, o que mostra claramente quão ineficiente é o sistema de comissionamentos - que possibilita que apenas 16,7% das pessoas consigam ter sucesso.

O resultado do estudo de Dan Ariely, na verdade, era previsível. Décadas antes, em 1949, o prof. Harry Harlow, da University of Wisconsin, já havia percebido que *macacos que recebiam uvas passas como prêmio após resolver uma tarefa passavam a cometer mais erros e a levar mais tempo para resolvê-la do que seus colegas que não recebiam nenhum tipo de incentivo externo.* Estes estudos nos levam à conclusão de que o comportamento humano não é tão previsível como as pessoas acreditam. Dois dos maiores experts em motivação deste mundo, os professores Edward Deci e Richard Ryan, da University of Rochester, que vêm dedicando suas vidas a estudar os efeitos de incentivos externos (como dinheiro) na performance das pessoas, descobriram que *quando uma pessoa recebe um incentivo externo para realizar uma tarefa ela perde o interesse interno pela mesma.* Isto significa que em vendas, por exemplo, vendedores que ganham comissão passam a vender apenas para ganhar o dinheiro - não porque o trabalho deles é prazeroso, ou porque uma venda bem feita resolve um problema para o cliente, ou porque vender é importante para o seu crescimento pessoal e para o crescimento da empresa. Já o renomado psicólogo Mihaly Csikszentmihalyi descobriu, através de anos de pesquisa, que o ser humano é motivado pelo que nomeou de "Experiências Autotélicas", ou seja, experiências onde a própria conclusão da atividade é a recompensa. Transportando esta descoberta para o mundo das vendas, entende-se que a *maior recompensa que um vendedor pode receber é conseguir fechar uma venda.* O sucesso numa tarefa é a recompensa que mais motiva as pessoas, e esta questão foi também comprovada pela prof. Teresa Amabile, de Harvard, e seu colega Steven Kramer, numa pesquisa com um ano de duração, feita com 238 pessoas, de sete empresas diferentes e de 26 equipes diferentes: eles descobriram que as pessoas avaliavam que seus melhores dias de trabalho eram aqueles em que elas conseguiam ter progresso numa tarefa. Isto significa que realizar pequenas conquistas diariamente - fechar uma venda, avançar num projeto, convencer alguém a mudar um procedimento da empresa e assim por diante – é o que verdadeiramente motiva internamente as pessoas e o que faz com que elas gostem dos seus trabalhos. Infelizmente, pelo fato de a maioria das empresas ter uma noção limitada sobre o que motiva as pessoas e, por isso, copiarem modelos de outras empresas que acreditam que as pessoas são movidas apenas por dinheiro e que elas querem, acima de tudo, "garantir o seu", as empresas irão continuar a ter funcionários que trabalham unicamente para ganhar dinheiro; que mudam de emprego facilmente e que nunca irão encarar seus trabalhos como algo prazeroso. Além destas consequências, *outros estudos ainda mostram que comissionamentos incentivam o individualismo, bloqueiam a criatividade das pessoas, aumentam a quantidade de trapaças na empresa, dificultam mudanças estratégicas e pioram a experiência de compra do cliente – o que gera menos fidelização.*

Munidas de todas estas informações sobre os perigos do comissionamento, empresas como Apple, Best Buy, Microchip Technologies, GlaxoSmithKline, DPaschoal e System Source passaram a remunerar seus vendedores com um salário fixo alto, equivalente ao que os vendedores já ganhavam somando as comissões e salário fixo. Numa conversa que tive no ano passado com o CEO da System Source, ele me informou que, um ano após esta mudança, **as vendas da empresa cresceram 44%, os lucros triplicaram e o turnover da equipe de vendas foi de 2,7%** - um número incrível comparado ao turnover médio de vendas no Brasil, que está entre 40% e 60% ao ano. Pagar um salário fixo não é nenhuma novidade, já que todos os demais setores de uma empresa já são remunerados desta forma, atingindo seus objetivos e sendo engajados da mesma forma – o que elimina o pensamento imediato das pessoas de que os vendedores irão ficar na "zona de conforto" se receberem um salário fixo. Além disso, para um profissional que vivia uma vida de *incertezas financeiras* – um fator que está relacionado com o aumento no risco de doença cardíaca e câncer - conquistar *segurança financeira* fará com que ele se dedique mais, pois ele sabe que, se ficar na "zona de conforto", amanhã a vida dele será miserável novamente numa empresa que paga comissões. O baixo turnover da System Source nos comprova exatamente isto.

A performance das pessoas, além de ser influenciada pela forma de remuneração, também é determinada pela forma como a empresa determina metas e premiações. O brilhante psicólogo americano Robert Cialdini descobriu que, quando as pessoas determinam suas próprias metas, as escrevem num papel e assinam seu nome, conseguem atingi-las com mais facilidade. Além disso, Cialdini nos mostra através de diversos estudos que as pessoas geralmente determinam metas maiores do que as que a empresa iria solicitar a elas e que nenhum vendedor irá determinar uma meta fácil para ele mesmo por causa de um princípio que ele chama de consistência – as pessoas não querem ser vistas como alguém "sem noção", elas sempre querem passar uma imagem positiva de si mesmas. Outro estudo feito pela University of Toronto e pela Edwards School of Business revela que empresas que avaliam a performance de suas equipes através de **metas globais** – não individuais – **conseguem melhor performance, são mais inovadoras, têm equipes mais engajadas e membros que cooperam mais entre si.** Em relação à apuração das metas, pesquisas nos mostram que metas semanais são mais eficientes do que metas mensais, pois colocam em ação um princípio psicológico chamado de X-Spot. Este princípio é visível em maratonas, quando no último quilômetro o atleta consegue enxergar a linha de chegada e, ao invés de diminuir seu ritmo, ele o acelera. Sempre que conseguimos **enxergar a linha de chegada,** o nosso cérebro começa a liberar endorfinas e outras substâncias que nos fornecem a energia necessária para podermos acelerar, facilitando o atingimento de metas. Gerentes de vendas conhecem bem este fenômeno, que acontece sempre nos últimos dois dias do mês, quando a maioria das vendas é fechada. Isto é explicável, pois, quando a empresa apura as metas de forma mensal, o vendedor só consegue enxergar a linha de chegada nos últimos dias e muitas vezes não tem tempo hábil para cruzar a linha com sucesso. Ao mudar a apuração de metas para um período semanal, o vendedor consegue enxergar a linha de chegada já no começo da semana e tem tempo hábil para acelerar caso o seu ritmo tenha sido mais lento no início – diferentemente de empresas que determinam metas diárias, que fazem com que o vendedor não possa acelerar quando algo der errado no começo; ou mensais, que fazem com que o vendedor só enxergue a linha de chegada nos últimos dias.

Além de tudo isto, a prof. Francesca Gino, de Harvard, mostrou através de um estudo como metas mal formuladas podem causar comportamentos inadequados nas pessoas. Ela comprovou que, quando as pessoas percebem que suas metas são inalcançáveis, elas começam a trapacear para atingi-las, comportamento que nenhuma empresa quer de seus funcionários. Por esta razão, metas devem ser desafiadoras, porém, alcançáveis e justificáveis. Uma última questão ainda relacionada com metas são os efeitos que rankings de vendas têm na performance das pessoas. A maioria das empresas acredita que rankings de vendas geram uma "competição saudável", fazendo com que as pessoas que estão em colocações inferiores melhorem suas performances e os que estão no topo continuem lutando para manter suas posições. Porém, um estudo recente do prof. Iwan Barankay, da Wharton School, revelou que vendedores que recebiam feedback de seus gerentes sobre seus resultados sem saber como estavam ranqueados em relação aos seus colegas tinham melhor performance nos meses seguintes. Quando os vendedores sabiam como estavam ranqueados em comparação com seus pares, nem os que estavam na parte de baixo do ranking nem os da parte superior tiveram melhor performance futura. Muitas empresas criam ambientes que geram competição entre os funcionários, acreditando que isto é sadio para o ambiente de trabalho, enquanto diversos estudos nos mostram que este tipo de ação gera menos cooperação, individualismo, conflitos de interesses e fofocas, intoxicando o ambiente e resultando em menos vendas.

Quando tratamos de premiações e incentivos – já que sabemos que dinheiro causa pior performance em vendas – devemos ter certos cuidados. Inúmeros estudos demonstram que *prêmios que geram experiências para as pessoas – viagens, jantares, ingressos para o cinema, doações para instituições de caridade, entre outros – são mais efetivos do que os tradicionais prêmios em dinheiro ou em bens materiais.* Isto se dá pela razão de o ser humano se acostumar facilmente com bens materiais: o meu carro novo é fantástico por um mês, depois ele é só como eu vou até o meu trabalho. Dinheiro tem o mesmo efeito: geralmente o vendedor usa a premiação em dinheiro para pagar uma conta ou para comprar algo que irá trazer apenas *felicidade momentânea.* Já quando o prêmio é algo que causa uma experiência, o vendedor nunca o esquece. Além disso, quando o vendedor sabe que poderá ganhar uma viagem, por exemplo, ele irá passar a pesquisar sobre o local - o que irá aumentar sua motivação pela antecipação da experiência –, irá desfrutar a viagem em si e posteriormente, ainda verá as fotos e lembranças da viagem, que irão manter-se presentes durante um bom tempo. *Experiências são desfrutadas antes, durante e depois, enquanto bens materiais geram apenas motivação momentânea e, portanto, são esquecidos rapidamente.* Outro fator que vem chamando a atenção de pesquisadores em todo o mundo é o fato de o s*er humano ser mais motivado por doar do que por receber.* Num estudo fantástico realizado pelas universidades de Harvard, Duke, British Columbia e Liege, pessoas receberam incentivos financeiros para realizar uma tarefa sendo que as pessoas de um dos grupos deveriam usar o dinheiro para comprar algo para si mesmas, enquanto os participantes do outro grupo deveriam usar o dinheiro para doar para a caridade. Os pesquisadores descobriram que um período após o experimento *as pessoas do grupo que doou o dinheiro para a caridade reportaram estar mais felizes e mais satisfeitas com seus trabalhos.* Há anos, a ciência descobriu que *um dos maiores motivadores para o ser humano é ter um senso de propósito: saber que seu trabalho ajuda outras pessoas de alguma forma.* Um estudo do Gallup concluiu que *pessoas que realizam um trabalho que tem propósito são 250% mais engajadas.* Outro estudo da University of Southampton descobriu que *funcionários de empresas responsáveis socialmente são 13% mais produtivos.* Com estas informações, as empresas podem direcionar, por exemplo, 10% das suas vendas para uma instituição de caridade, hospital, biblioteca ou escola. Isto irá gerar um senso de propósito nos vendedores e deixará claro para todos que o trabalho que eles realizam deixa um legado positivo no mundo.

Há milhares de anos, Aristóteles chocou a sociedade ao comprovar que o mundo era redondo. Durante anos, sua descoberta foi contestada e as pessoas resistiram fortemente para acreditar em tal informação – contrária ao que todos pensavam. *Nos negócios, estamos vivendo uma época de descobertas tão importantes quanto a de Aristóteles.* Infelizmente, num mundo onde a ciência não é valorizada – prova disto é que um artigo científico é lido em média por apenas sete pessoas - as empresas continuam seguindo estratégias irreais, copiando o que seus concorrentes estão fazendo, acreditando que incentivos financeiros são a solução para qualquer problema, confiando demasiadamente na experiência de seus executivos e usando a intuição para tomar decisões importantes. Para a maioria das empresas, o mundo ainda é plano.

Ferramenta de Prospecção:
acelerador de oportunidades

Marcelo Baratella

Gigantes das Vendas

19

Marcelo Baratella

baratella@laboratoriodevendas.com.br / www.marcelobaratella.com.br

É palestrante de Vendas e Liderança de Alto Impacto, professor de vendas e marketing da Fundace/ USP, FAAP, Fundação Dom Cabral, IPL (Instituto de Performance e Liderança), consultor, treinador e colunista da VendaMais.

Faaaaalllaaa, vendedor, muito bem-vendas a todos vocês!

Sou Marcelo Baratella, palestrante, consultor, treinador e colunista da VendaMais e professor de vendas, motivação e liderança.

Abordaremos um dos assuntos mais discutidos no momento e que está afetando nove em cada dez vendedores dos mais diversos setores da economia, que é o passo da prospecção.

Diante desta preocupação e após estudarmos a fundo o tema, buscamos no mercado uma ferramenta de prospecção bem completa para o vendedor, que batizamos de **_ACELERADOR DE OPORTUNIDADES_**, porque é disso que se trata ou deveria se tratar a prospecção para qualquer vendedor.

Esta ferramenta, se usada com consistência, disciplina e foco pelas equipes comerciais, certamente levará a um aumento quase que imediato de até cinco vezes o número de novos contatos em apenas três meses de trabalho.

Mas, antes de explorarmos em detalhes esta ferramenta, eu gostaria de refletir com vocês um pouco mais sobre a importância da prospecção dentro do processo comercial de qualquer empresa, e para isto a pergunta que eu faço sempre para qualquer vendedor quando falo deste assunto é:

Você tem medo das chamadas frias, pedidos de indicações ou garimpo de novos clientes? Se respondeu "sim", tome muito cuidado, pois a venda é uma porta que está fechada em um determinado momento e a prospecção nada mais é que a fechadura desta porta e precisamos abri-la para que pessoas entrem por ela.

Se você não coloca as pessoas para dentro desta porta, você não tem potenciais clientes, e, se você não tem potenciais clientes, você provavelmente não vai conseguir vender e superar seus desafios. E um vendedor de verdade que não prospecta, não vende e não tem a mínima ideia de como alcançar suas metas de crescimento.

Desta forma, gostaria de pedir sua permissão para fazer algumas perguntas com o objetivo de saber se estão com sintomas da falta de prospecção em seus negócios ou não.

• Vocês possuem poucos clientes novos na sua carteira?

• Sua carteira de clientes está estagnada ou diminuindo?

• Existem muitos clientes potenciais que desconhecem a sua empresa?

- Estão com poucas vendas 'surpresa' ou inesperadas (fruto de clientes prospectados no passado)?
- Estão perdendo espaço ou participação de mercado?
- E suas vendas, estão estagnadas ou diminuindo?

Se responderem sim ao menos a duas destas perguntas, é um sinal bem forte de que não estão prospectando corretamente e as causas e os motivos que podem estar levando vocês a tudo isto são os mais variados possíveis, como por exemplo...

Falta de preparação e planejamento comercial, técnicas de vendas que podem estar inadequadas, acomodação ou estado de zona de conforto quanto ao assunto prospecção, seu sistema de remuneração pode estar inadequado, podem estar com medo de rejeição ou objeção dos clientes ou simplesmente por acharem que prospectar é só para os vendedores que estão começando.

A verdade é que o propósito da prospecção é bem simples de se entender, pois quando melhoramos este fundamento nós conseguimos gerar mais demanda, quando geramos mais demanda, temos mais oportunidades de fechar vendas e o importante é encontrar mais oportunidades para vender, sem ficar com medo de não vender, isto mesmo, as vendas também são feitas para serem perdidas, ou você acha que vai conseguir fechar 100% de suas propostas?

O fato é que, independente de você acreditar que a prospecção é importante ou não, ela vai influenciar diretamente no seu processo de vendas e no seu desempenho como vendedor, pois como a grande maioria dos vendedores não gosta de prospectar, não está fazendo da maneira que deveria fazer, ou seja, um vendedor que faz o que precisa ser feito passa a ser artigo de luxo hoje no mundo do atender e vender bem e, por mais que o vendedor não goste de prospectar, é justamente a prospecção que lhe permitirá ampliar a carteira de clientes e conquistar novos mercados.

Então o primeiro passo para mudarmos o nosso estado atual de não prospectarmos corretamente é justamente o de entendermos a sua importância, para que realmente possamos enxergar os benefícios dessa prática.

Assim como devemos entender que o processo de vendas como um todo precisa ser dividido por etapas, medido e aprimorado constantemente, o processo de prospecção também precisa ser pensado detalhadamente, para que você atinja os resultados esperados.

Uma prospecção bem-sucedida é aquela em que as pessoas param para dar atenção ao vendedor, param para ouvi-lo e para entenderem o que está sendo oferecido, mas para fazer isto tenho outros questionamentos para te fazer:

- Será que você sabe bem quem é o seu cliente ideal para prospectar?
- Você conhece de fato as preferências e perfis do seu cliente?
- Você sabe como contornar as objeções que ele possui?
- Você tem como conectar o cliente com a sua solução?

Responder a estas perguntas é fator fundamental para abordar apenas aqueles clientes que têm alto potencial para seu negócio, mas podem ter uma resposta mais assertiva se identificarmos corretamente o perfil de seus clientes ideais e também de nos dar a oportunidade de segmentarmos os clientes por mercados que nós desejamos alcançar, por exemplo.

- Qual é o tamanho das empresas que você atende hoje ou qual a idade de seus clientes?
- Quais são as maiores dificuldades que eles sofrem no dia a dia sem o seu produto ou serviço?
- Quantos decisores a empresa possui, e quem são estes decisores?
- Quais são os diferenciais que eles buscam em seus fornecedores?
- Eles têm conhecimento dos seus problemas e como podemos mostrar a eles o problema que precisam resolver?
- Como o nosso produto ou serviço torna a vida desses clientes melhor?
- Quanto eles estão dispostos a pagar nas soluções que oferecemos?

Para facilitar o entendimento destas perguntas, veja agora o exemplo de um perfil de cliente ideal que preparei para vocês:

No meu negócio de consultoria e treinamento comercial, um cliente de perfil ideal seria, por exemplo:

Médias empresas com 15 a 50 funcionários, com até 15 anos de mercado, com um faturamento médio de mais de R$ 300.000,00 por mês e que normalmente possuam seus departamentos de marketing desorganizados, com suas equipes de vendas precisando orientação, que não possuam um plano estratégico comercial e seus líderes e gestores não estejam habituados com uma gestão profissional comercial.

Entenderam agora como definimos o perfil do nosso cliente ideal?

Então me respondam qual o perfil ideal do seu cliente e onde deverei focar minhas prospecções.

Agora que você já sabe quem é o seu cliente potencial, está na hora de continuar a segmentação pelo tipo de negócio, mas por que fazer isto? Cada segmento de cliente compra por um motivo diferente e por incentivos únicos, sendo assim, cada um deles tem uma maneira distinta de ser atendido e, sabendo disto, podemos criar diferenciais para os tipos diferentes de clientes que temos.

Podemos segmentar pelo porte e/ou faturamento da empresa, pelo setor (indústria, comércio e serviços), até por região (norte/nordeste, centro-oeste, sul/ sudeste), situação econômica (classe a, b, c, d), entre outros.

O que você precisa mesmo é criar uma categoria para esses clientes. São justamente essas categorias que mostram o que eles têm em comum, e assim você consegue criar diferenciais.

Agora que já definimos o perfil do nosso cliente, já sabemos quem é que pode se interessar pelo seu produto, ou tem potencial para comprar de você, então qual seria nossa próxima tarefa?

Certamente descobrir o que faz esses clientes se interessarem pelo que vendemos, o que podemos fazer para chamar a atenção deles para o nosso produto ou serviço, e para que isto possa ocorrer o próximo passo seria a criação de um banco de dados de potenciais prospects com o perfil do nosso cliente ideal.

Quanto maior o número de clientes nessa etapa, maior será a nossa base. Quanto maior o número de prospects levantados nessa primeira etapa após a pesquisa, mais chances teremos para abordar e, quanto mais chances tivermos, maior a probabilidade de alguns desses prospects se tornarem clientes.

Com um pouco de boa vontade e com as ferramentas certas, é possível coletar muitas informações sobre os prospects.

Aqui vão algumas ideias práticas e que funcionam:

Procure-os pela página da empresa no LinkedIn ou no Facebook e verifiquem os profissionais que trabalham nestas empresas. Escolham os profissionais que mais têm relação com o departamento que decide sobre a compra da sua empresa, escrevam um pequeno texto sobre quem são vocês, quem é a sua empresa, o que vocês fazem e por que querem se conectar, adicionem cada um deles, coletem informações sobre os perfis adicionados (veja as recomendações, os endossos, os empregos anteriores, o que compartilham, quais grupos participam) e façam um pequeno resumo de cada decisor.

Se encontrarem dados insuficientes no LinkedIn ou Facebook, experimentem procurar no Google, pois certamente poderão encontrar outras informações valiosas e complementares, além de fatos esclarecedores.

Agora que você já tem informações suficientes, está na hora de sabermos o que falar para eles. Tenha um roteiro que se encaixe em cada perfil, não que você precise criar um roteiro do zero para cada prospect, mas deve saber o que dizer, pois fará toda a diferença para a sua tática de abordagem.

Segue um bom roteiro de abordagem:

• O nome do interlocutor.

• Uma pequena apresentação pessoal (diga seu nome, seu cargo, de onde se conhecem – via LinkedIn, por exemplo – e o motivo da ligação), um pequeno resumo sobre a sua empresa, o que faz e como ajuda seus clientes, uma rápida descrição de como vem ajudando clientes atuais e concorrentes de seu prospect, um pequeno diagnóstico do possível problema do seu cliente, uma pequena maneira de demonstrar como você pode ajudar e um call to action para o próximo passo, ou seja, acelere o lado rápido da decisão do cliente em querer comprar ou ter interesse por você.

Agora que você já tem um roteiro e uma lista detalhada de prospects, esteja pronto para colocar a mão na massa e partir do planejamento à execução.

Talvez essa seja a parte mais importante do processo de prospecção, afinal, é chegada a hora de tirar a bunda da cadeira e colocar a cara a tapa na rua. E é justamente aqui que você vai saber se fez o dever de casa, ou se acabou "metendo os pés pelas mãos".

Chegou a hora de ligar para os clientes, soltar seu discurso de vendas, pedir indicações e, obviamente, temperar tudo isso com muito follow-up.

Peça indicação para seus atuais clientes e que estejam satisfeitos com vocês. A indicação de um cliente atual vale como um aval, dizendo que eles confiam no seu trabalho e que acreditam que você possa fazer um bom trabalho para suas indicações.

Quando ligamos para um prospect por meio de uma indicação, temos muito mais chance de sucesso, pois não estamos fazendo uma ligação fria de vendas, temos um intermediário. A recepção de um prospect a uma indicação tende a ser mais amena e você pode ir se acostumando com a ideia de começar a ligar para outras pessoas, depois que perceber o resultado das chamadas de prospecção.

Faça a conexão entre seu produto e a necessidade do prospect. O que você precisa fazer agora que já está no telefone é dizer o que sua empresa pode fazer por ele e é isso que todo potencial cliente quer ouvir: o que o seu produto pode fazer por ele.

Uma boa dica é começar a conversa pelos motivos pelos quais os seus atuais clientes compram ou compraram de você e mostre que você conhece sobre ele, através do perfil, juntamente com as informações que você colheu. Além disso, sempre que possível, cite um evento ou acontecimento recente sobre o cliente e/ou sua empresa.

Isso vai deixar claro para o seu prospect que você não pegou o telefone e apenas ligou, mas que fez uma pesquisa sobre ele para ter certeza de que o seu produto será útil.

Quando você já souber os motivos pelos quais o cliente potencial poderia comprar de você, ele está pronto para o próximo passo: agendar uma reunião de apresentação.

O objetivo é fazer com que o seu prospect fique curioso e agende uma reunião de qualificação e apresentação. Outra coisa importante para se fazer é não se esquecer do famoso follow-up, ou o acompanhamento do cliente prospectado, quando ele nos diz que não tem interesse agora, durante nosso contato.

Faça com muita disciplina e consistência o follow-up para todos os prospects, até que eles sigam pelo funil de vendas até a compra, ou até que eles peçam: "Pare de entrar em contato, por favor!". O follow-up não é apenas o elo para mais vendas, mas também para cultivar relacionamentos e se aproximar de seus clientes.

Para concluirmos com excelência este raciocínio, podemos dizer que para se fazer uma boa prospecção precisamos ter um passo a passo do que fazer e como fazer.

Ao seguirem esta sequência com atenção, perceberão que estarão selecionando melhor seus clientes, entendendo melhor quem podem servir, e quem serão clientes efetivos.

Se acharem que podem vender tudo para qualquer um, estão errados! Como vimos, é preciso saber quem somos, para depois saber quem são nossos clientes, segmentá-los corretamente, para somente então partirmos para a ação. Iniciar o processo de prospecção já sabendo quem é o seu cliente ideal vai te ajudar a garimpar melhor os contatos que irá abordar.

Como vimos, quando estruturamos a prospecção com um passo a passo e o seguimos até o final, nossa taxa de sucesso aumenta consideravelmente e conseguimos mais chances de falar para o prospect certo, que tem potencial para se tornar nosso cliente, e que vai enxergar valor no nosso produto.

Agora que tudo ficou bem claro estrategicamente na cabeça de vocês sobre os pontos mais importantes de se fazer um processo de prospecção profissional, vamos então recapitular tudo isto que falamos de forma mais prática, através da ferramenta matadora que batizamos de ACELERADOR DE OPORTUNIDADES para seu negócio?

O objetivo desta ferramenta é criar para o vendedor que quer resultados rápidos uma ferramenta prática para prospectar mais negócios e conquistar mercado a partir de seu relacionamento, possibilitando aumentar em até 5x o volume de negócios em até três meses de trabalho.

Existe uma correlação de proporção entre o número de prospects abordados e o resultado de negócios fechados e a venda prospectiva permite aumentar o número de abordagens e, por consequência, maiores resultados de vendas.

Ela se constitui de um processo, mas para que esta correlação seja segura é fundamental trabalhar rotineiramente o processo proposto: diariamente fazer e registrar ações comerciais, dividir a meta do período em metas de curto prazo para trabalhar com uma meta de indicações, abordagens e propostas dentro de cada mês e acompanhar semanalmente o resultado.

Mas chega de blá, blá, blá e vamos às etapas da ferramenta:

1. **Elaborem uma lista com 100 (cem) nomes de clientes potenciais.**

2. **Depois desta lista pronta, comecem a qualificar cada um destes contatos** com nome, telefone, melhor e-mail, ramo de atividade e referência pessoal qualificada.

3. **Elaborarem uma seleção de 30 nomes**, dentro desta lista de 100, para realizarem agendamento para a primeira semana de trabalho. O hábito de se fazer a lista facilita a atividade de agendamento e organização das atividades a serem desenvolvidas, logo, este hábito deve ser cultivado com determinação e disciplina.

4. **Façam o agendamento das visitas:** com a lista pronta e completa, reservar períodos programados do dia para fazer contatos telefônicos com o objetivo de agendar visitas.

5. **Prepare um bom script de abordagem inicial**, com perguntas poderosas que possibilitem despertar necessidades e que predisponham ao fechamento do negócio.

6. **Incorporem como regra em cada contato presencial**, ao fim da visita, a técnica da cadeia ilimitada. Esta técnica permite fazer crescer o mercado-base e orienta a descoberta de novos clientes potenciais. O mercado-base é uma fonte inesgotável de indicações. A diferença entre mercado-base e os outros tipos de mercado é que o profissional não o desenvolveu intencionalmente, ele já existia naturalmente.

Aprenda e aplique técnicas para pedir indicações. Para se obter indicações é necessário ter atitude e técnica. O mais importante é a atitude, ou seja, o ato de pedir.

Busque extrair sinais de satisfação do seu cliente, perguntando se está gostando da experiência, e não peça nenhuma indicação antes de obter ao menos três "sims", relativos à satisfação com o processo ou com a proposta. Quando obtiver respostas positivas do seu cliente, você está com o terreno pronto para colher as indicações.

Quando o cliente começar a falar, não interrompa.

7. **Trabalhem com uma meta de indicações:** a lista de clientes potenciais deve constituir o ponto de apoio do processo de vendas prospectivas, por isso todo contato com cliente novo ou em atividade deve gerar ao menos cinco indicações. Isso garante que a sua lista do acelerador de oportunidades gere resultados no curto prazo e sustentáveis ao longo do tempo e a acessibilidade é fundamental.

8. **Qualifique suas indicações**, é fundamental a obtenção de referências pessoais a respeito da pessoa com quem irão falar. Isso facilitará o estabelecimento de um relacionamento amistoso, pois as pessoas só compram de quem gostam. Decisões de compra têm um forte componente emocional. "Não existe pessoa inacessível, você é que ainda não conheceu o amigo certo."

9. **Por fim, valorize a importância da indicação**, pois representa o sucesso do processo de vendas prospectivas. Toda indicação permite segmentar um mercado de acordo com as características do cliente potencial.

Saber usar a influência da indicação é fundamental para sermos bem recebidos no nosso primeiro contato telefônico e lembrem sempre de solicitar que quem indicou faça contato com o indicado, pois esta atitude aumenta a probabilidade de o fechamento ser bem-sucedido.

Ufa, estamos chegando ao fim, muitas informações importantes, não é mesmo?

Gostaram das dicas e técnicas para incrementarem sua carteira de clientes e aumentar suas oportunidades de novos e bons negócios?

Então a única coisa que eu peço agora a vocês é que transformem estes conhecimentos em dinheiro e sucesso, pois conhecimento não serve pra nada se não for utilizado da melhor maneira e nos melhores momentos.

Agradeço mais uma vez o seu carinho por nos prestigiar e fico à disposição para melhor atendê-los com as dúvidas ou curiosidades que surgirem.

UM FORTE ABRAÇO A TODOS, SUCESSO E ÓTIMAS BOAS VENDAS!

O REPRESENTANTE COMERCIAL ESTÁ MORTO! CONHEÇA A NOVA EMPRESA DE REPRESENTAÇÃO

Marcelo Caetano

Gigantes das Vendas

20

MARCELO CAETANO

caetano@solucaocomercial.com

É empresário, sócio da VendaMais. Escritor autor dos livros Vendedor Fiel Cliente Fiel e Chega de Desconto e de mais de 150 artigos ligados a área comercial. Consultor com mais de 100 projetos de consultoria e palestrante em vendas de conteúdo prático embasado em toda sua experiência comercial.

Sempre gostei muito de treinar equipes de representantes comerciais. Aliás, esse assunto sempre me interessou. Temos, na consultoria, empresas que possuem representantes, já migramos modelos de equipes CLT para representantes e também já fizemos o caminho inverso.

O fato é que o setor passa por uma convulsão. A vida dos representantes não está nada fácil. Porém, vejo empresas de representação muito prósperas, obtendo resultados significativos tanto para elas quanto para quem representam, e como entender o modelo de trabalho dessas empresas passou a ser um grande desafio para mim, achei que poderia compartilhar com você o que já descobri. Em primeiro lugar, porém, é preciso uma definição.

É UMA EMPRESA DE REPRESENTAÇÃO OU NÃO É?

Uma empresa de representação comercial bem-sucedida normalmente tem mais de uma pessoa. Mesmo que de maneira informal, a família costuma ser parte do negócio. A esposa ou o marido estão sempre por perto. Se o representante tem sucesso, ele leva consigo, seja por exemplo ou atração financeira, um filho ou um sobrinho.

Não dá para fazer tudo sozinho. É claro que existem exceções. Representantes solitários, que atendem alguns clientes, na maioria das vezes poucos, por vezes grandes, e ganham muito bem. Mas é uma exceção.

Resumindo: é uma empresa, o negócio não acaba mais quando o representante decide parar ou diminuir o ritmo. Ele continua, e, se quiser ter perenidade do negócio, precisa seguir algumas premissas básicas de qualquer empresa.

Alguns pontos estão ficando claros e preciso conversar com você sobre isso, caso trabalhe com ou seja um representante comercial.

Oito pontos chaves da representação comercial:

1) SEM ESTRUTURA, NÃO DÁ – algumas empresas já notaram que um representante que não tem ao menos uma pessoa como suporte e um escritório básico não consegue ter ou gerar resultados.

Sem ser radical, existe uma dificuldade muito grande com relação a isso. Veja, não estou falando do representante que vende para subsistir, respeito a opção, mas estou falando dos que ganham dinheiro sendo representantes. Quando seu cliente quer falar com você e você está no meio de um atendimento, ou alguém atende seu telefone ou o cliente falará com um concorrente. Por isso, ter uma estrutura mínima é fundamental.

2) TECNOLOGIA – apesar de todo mundo saber da necessidade de usar a tecnologia para controlar os negócios, muita gente ainda não a aproveita como poderia. Vamos dividir tecnologia e controle em duas áreas. A primeira é a gestão do próprio negócio – se tem um software, se controla seus custos, sabe quanto gasta por mês, como pode melhorar seus custos, gerir seus impostos etc. A grande maioria não faz esse controle, o que é temerário. O segundo ponto: é preciso ter um sistema para gerir seus clientes, monitorar visitas, fazer rotas, ter histórico de compras. Não dá para pensar em lembrar tudo ou controlar em uma planilha.

3) UM NOVO MODELO DE ATENDIMENTO – há alguns anos, comecei a ouvir representantes bem-sucedidos dizendo "eu não tiro mais pedido", e essa conversa começou a aumentar com o tempo. Analisando mais a fundo, notei que isso era prática comum. Hoje em dia, os representantes estão vendendo cada vez menos durante as visitas; elas são mais uma forma de relacionamento e estímulo de compra do que efetivamente um momento de tirar pedidos. A visita serve para ver como está o giro no cliente, se ele está usando ou vendendo o produto que ele representa, como estão os concorrentes, quais os planos da empresa e assim por diante. Em resumo, a visita serve para agregar valor. Como a visita passa a ser cada vez mais de "expansão de relacionamento", o próximo tópico torna-se cada vez mais importante.

4) VENDA MULTICANAIS – a necessidade da proximidade com o cliente é cada vez maior. Assim, se o representante permanecer focado apenas em visitas, terá uma carteira muito restrita, não ganhará dinheiro e não suprirá as necessidades dos clientes.

Há alguns anos, as pessoas iam ao supermercado uma vez ao mês – quem não se lembra daquelas lojas gigantes com um estoque impressionante? Isso acabou. O custo do metro quadrado é muito caro, não tem mais estoque no supermercado e os clientes que antes iam uma vez ou duas ao mês fazer suas compras hoje vão em média três vezes por semana. Imagina se os representantes que atendem o mercado continuassem no mesmo modelo de visita! O atendimento exigido é muito maior. Isso acontece em todo mercado. Por isso, hoje a estrutura de atendimento do representante é multicanais. Vende-se por telefone, por WhatsApp, por e-mail, alguns até por Facebook e LinkedIn. Vende-se por todos os canais.

Mas não adianta fazer mais ou menos, não é só vender por telefone quando o cliente liga, isso é loteria, afinal de contas, o cliente pode escolher para quem ligar. É preciso gerir o cliente de perto mesmo. Ser ativo nesse processo. O cliente que ligar ou receber o contato por telefone deve ser atendido com o mesmo padrão de um representante presencial.

5) FAZER VENDER – sempre comento, durante meus treinamentos, que a mudança da função do representante comercial é tão brutal que talvez sua próxima contratação deva ser uma pedagoga ou um treinador. A pergunta é: será que vale mais a pena ter um preposto para visitar clientes ou um treinador para estimular o consumo? Não adianta esperar que as indústrias tenham estruturas gigantes de treinamento. Isso é uma ilusão, você vai ficar esperando sua vez e sua demanda será muito maior que a capacidade da indústria de atender. É preciso estruturar-se ou tornar-se um treinador. Mas para vender produtos de valor agregado, ou produtos que tenham alguma diferenciação, é preciso treinar a equipe do cliente. Vale até um curso de oratória para melhorar nessa área. É preciso "fazer vender" e, por isso, treinar, cuidar do ponto de venda do cliente, interagir com a equipe, tudo isso está alinhado com o "fazer vender".

6) DEFINA SEU MIX – a verdade é uma só: se uma empresa de representação tiver mais que três representadas, ela não representará nenhuma de verdade. Algumas até tentam, mas com resultados muito fracos. O refinamento está tão grande que algumas empresas de representação estão contratando dois representantes para fazer a mesma região, com linhas distintas. Isso é profissionalização. A marcação da indústria é cada vez mais forte – ou vende, ou está fora. E aqui quero conversar seriamente com você. Já vi situações terríveis nas quais excelentes empresas de representação, na ganância desmedida, ampliaram a lista de fornecedores, perderam eficiência no atendimento e acabaram tendo o contrato rescindido com o maior, mais importante e lucrativo fornecedor. Elas pensavam que corriam o risco de perder o menor, mas perderam o maior. Erro irreparável que fez esses empreendedores revisarem toda a estratégia dali para frente. Mas o preço pago foi alto. É preciso ser muito seletivo para trazer novos fornecedores.

7) REGIÃO LIMITADA – mais um assunto sério. Sempre que falo com as empresas de representação, digo que o que mais quebra um representante é tentar atender uma região maior que sua capacidade. Eles querem dominar uma área muito grande e acabam se complicando – profissional e pessoalmente, afinal, ficam sem tempo para família e amigos, e esse definitivamente não é um bom caminho. Profissionalmente também porque cruzam dois pontos importantes: primeiro é que as indústrias estruturadas não admitem mais áreas em branco, sem atendimento, dentro da região de um representante; e o segundo é a venda de mix.

Sabemos que não é dando "uma passadinha" no cliente que se vende mix ou se desenvolvem novos produtos. É preciso estar presente de verdade no atendimento e ter uma boa frequência de visitas. Caso contrário, o mix e o volume de vendas não crescem de jeito nenhum. E tem mais: quando a região é muito grande, o representante começa a "catar" bons clientes, o que pode ser bom para seu bolso, mas péssimo para a rentabilidade do fornecedor. Afinal, geralmente os maiores clientes têm a atenção que merecem e os pequenos são deixados de lado – sabemos que para se ter uma boa rentabilidade essa composição de carteira é fundamental. O que acontece quando o representante não tem condições de atender bem toda a região que assumiu é que, em algum momento, a indústria faz o corte de área. E ela vai cortar onde for mais conveniente para ela – e você pode perder sua melhor região. Não seria mais saudável você abrir mão?

8) Equipe – um dia, o representante descobre que colocar outros para trabalhar com ele pode dar muito resultado. Em alguns casos, faz boas contratações, mas na maioria das vezes pega quem está por perto e coloca para correr o trecho; não há um processo de contratação estruturado. Sempre brinco com os representantes dizendo que "a falta de critério é tão grande que se pega até o cunhado para ser preposto". Brincadeiras à parte, vejo que, para tentar fechar a região ou expandir território, o modelo de contratação é muito fraco. Se você tem mais duas pessoas trabalhando juntas e uma delas é ruim, isso significa que 33% da sua representação é ruim; que 33% dos seus clientes serão mal atendidos; e que, por consequência, seus fornecedores serão mal representados. E isso é muito sério e insustentável no longo prazo. A partir do momento em que você decide ser um empresário representante, tem que assumir o papel de liderança, sair junto com sua equipe, acompanhar a satisfação dos seus clientes. Não basta contratar, colocar na rua e pronto. É preciso treinar produtos, alinhar valores do cliente, enfim, fazer um belo trabalho de base. É isso que fará a diferença nesse novo mundo dos representantes comerciais.

O Código Genético da Venda
Transformando Vendedores Comuns em Gigantes

Marcelo Ortega

Gigantes das Vendas

21

MARCELO ORTEGA

www.marceloortega.com.br | www.institutomarceloortega.com.br

É vendedor nato, lidera e treina equipes de vendas há mais de 20 anos. Palestrante e consultor focado em melhorar resultados de vendas e produtividade de equipes comerciais. Especializado em Vendas e Marketing, foi executivo de vendas de importantes empresas nacionais e multinacionais. Faz palestras de vendas, gestão, liderança, negociação e treinamentos personalizados utilizando sua experiência na área e certificações como PNL em vendas, Solution Selling, Proactive e Strategic Selling. Autor do best-seller SUCESSO EM VENDAS - Editora Saraiva - 2008, e de mais de dez livros importantes em vendas, motivação, liderança e comunicação.

A mais importante descoberta em uma venda é aquilo que realmente faz o cliente decidir comprar. Pode parecer estranho, mas poucos vendedores sabem desvendar necessidades e, em especial, o que chamo de DNA da venda, alusivamente o código genético do cliente.

> *"Todo ser humano está sempre motivado a atender às suas necessidades."* Abraham Maslow

Cada pessoa ou empresa tem um motivo de compra diferente, especialmente porque se refere ao lado invisível do prospectivo cliente. Para mim, é o que difere um vendedor de um "tirador de pedidos". Não é suficiente apenas saber qual produto ou serviço pode atender à necessidade de seu cliente ou, ainda, ter bom prazo, preço, qualidade e dar alguma vantagem, pois nada disso importa mais ao potencial cliente que o retorno ou recompensa que seu produto ou serviço trará para a vida dele(a) no campo pessoal ou na empresa. Abraham Maslow, importante psicólogo e especialista em comportamento humano, desenvolveu a teoria das necessidades apresentada com base em uma pirâmide (a famosa pirâmide de Maslow).

Em meu primeiro e mais importante livro de vendas – o Sucesso em vendas, 2008 – Editora Saraiva, modifiquei a pirâmide de Maslow, com enfoque nas necessidades de um cliente ou consumidor, adaptando os diferentes níveis para uma terminologia mais comercial (os motivos de compra das pessoas):

1. Sobrevivência (necessidades básicas);
2. Aquisição (segurança);
3. Família (pertencimento/lado social);
4. Reconhecimento (status);
5. Autorrealização (satisfação pessoal ou profissional).

```
           AUTORREALIZAÇÃO

          RECONHECIMENTO

            FAMÍLIA

           AQUISIÇÃO

          SOBREVIVÊNCIA
```

FIG.1: PIRÂMIDE DAS NECESSIDADES DE ABRAHAM MASLOW ADAPTADA PARA VENDAS

Quando aplicamos os conceitos de Maslow em vendas podemos compreender completamente o DNA para cada cliente e sua importância no processo de vendas.

Por exemplo:

Imagine um consumidor comprando um par de sapatos para trabalhar, é o primeiro emprego e se trata de um jovem rapaz. Esse par de sapatos significa para ele "sobrevivência", pois precisa dele para trabalhar e provavelmente um par de sapatos lhe basta. Gosto de brincar que, se o consumidor fosse uma mulher, seria bem diferente, não acha? Afinal, a maioria das mulheres gosta muito de sapatos por questão de satisfação pessoal, segurança, status. Mais um exemplo:

Quando alguém te pede uma proposta e negocia com você, o comprador com certeza mostra a seu chefe o bom desconto que ele conseguiu e, logo, espera obter "Reconhecimento". Por que negociar um "precinho" ou um "prazão"? Você pode mostrar a ele outros pontos que lhe tragam tal "Reconhecimento", afinal, seu produto/serviço é bom e merece valor.

"Empresas e pessoas compram produtos e serviços, mas não importa se sua venda é corporativa, direta (porta a porta), por telefone ou no varejo (atendimento no balcão ou na loja). Tanto faz se vendemos softwares, maquinários pesados, peças automotivas, carros, apartamentos, roupas, crédito bancário, seguros, treinamentos, insumos ou bens de consumo. Nossos clientes compram aquilo que estes negócios proporcionam para a vida deles e de suas empresas, o resultado."

Se observarmos exemplos do nosso dia a dia, duas pessoas podem comprar um mesmo modelo e marca de carro, por motivos completamente diferentes. Para uma delas pode ser uma questão de sobrevivência, ou seja, necessita para trabalhar, e para outra pode ser uma questão de reconhecimento, status ou satisfação pessoal.

É preciso ir mais além porque nossos clientes (empresas ou consumidores) são pessoas e têm desejos diferentes em momentos diferentes. Cada desejo não nos é mostrado se não soubermos fazer as perguntas certas.

Perguntar é a maior habilidade do vendedor e a única forma de descobrir o DNA da venda. Muitos vendedores sentem-se inseguros em perguntar demais e por essa razão acreditam que é melhor ser um profissional adivinho, que deduz respostas, e normalmente erra. Quem supõe, corre o risco de errar e geralmente perde muitas vendas por isso. Não se trata de fazer um interrogatório insistente e que incomode o cliente. O correto é perguntar de forma inteligente, numa sequência adequada e eu posso lhe garantir que o cliente irá gostar de responder. Você gosta quando o médico investiga antes de diagnosticar, certo? Por isso mesmo é que será fundamental não arriscar e evitar suposições e pré-julgamentos. A melhor saída é saber como perguntar, praticando uma sequência eficaz para investigar aquilo que o cliente necessita. São quatro passos de perguntas:

1. Definir a situação atual do cliente
2. Definir a situação desejada (o que ele quer)
3. Descobrir as barreiras que o impeçam de comprar algo de valor
4. Determinar qual o retorno e recompensa maior que ele terá após a compra.

```
        ┌─────────────┐
        │             │
   ┌────┤   O QUE     │
   │ O  │  SIGNIFICA  │
┌──┤QUE │             │
│CO│IMPE│             │
│MO│ DE │             │
```

Fig2. Sequência para investigação da necessidade do cliente – baseado no Fundamento 3 do livro Sucesso em Vendas – Marcelo Ortega – Ed. Saraiva 2008.

Tipos de perguntas: "Como é? Como deveria ser? O que te impede? O que significa para você comprar isso?"

Perguntas abertas extraem respostas e evitam suposições. Gosto de enfatizar que o aspecto mais importante nas respostas são os pontos emocionais do cliente, ou DNA. DNA é uma palavra-chave que eu quero que utilize como uma fórmula para o seu sucesso - um acróstico para que se lembre de desvendá-lo sempre:

D.ESEJO **N**.UNCA **A**.PARENTE do cliente (D.N.A. - lado intangível, invisível, emocional). Pratique a arte da pergunta aberta (como, quando, onde, qual, quanto e o quê), desvende o DNA dos seus clientes (com perguntas tais como: "O que significa esta compra?" ou "Qual o valor de minha proposta para você?"). Só quem sabe revelar necessidades vende mais. Torne-se um Gigante das Vendas e Venda muito Mais.

Muito $UCESSO EM VENDA$!

Como você está preparado para revelar o DNA dos seus Clientes?

Será que você é um bom vendedor e negociador? Descubra a resposta realizando o teste a seguir.

Questão	Sim	Não
1. Tenho um plano específico para desvendar necessidades do cliente antes de iniciar a venda.		
2. Tenho um plano de perguntas eficazes quando as respostas do cliente não caminham da maneira como eu pretendo.		
3. Faço uma previsão das possíveis necessidades que o cliente poderá ter.		
4. Mantenho minhas emoções fora do processo de perguntas e nunca levo as coisas para a minha realidade.		
5. Encaro a indiferença do cliente como um desafio, não uma barreira ou empecilho.		
6. Quando o cliente não me oferece informações, sinto que o abordei mal e não criei muita sintonia com ele.		
7. Meus argumentos na apresentação de minha empresa nunca envolvem críticas aos meus concorrentes, apenas foco nos meus diferenciais e no valor para o cliente.		
8. Tenho controle de minha ansiedade ao fechar; mesmo precisando consumar a venda imediatamente, faço perguntas!		
9. Consigo vender sem dar desconto ou quaisquer outras concessões como prazo de pagamento, bônus, acessórios.		
10. Evito ao máximo envolver meu superior (gerente, fornecedor, diretor comercial) numa negociação difícil.		

Considere que cada questão para a qual você responde "sim" vale um ponto.

Seja sincero! Quantos pontos você obteve no teste? Os exímios negociadores devem tirar nota 10 nesse teste, mas se você ainda não chegou lá, reveja todas as questões em que assinalou "não". O que você poderia fazer para mudar essa resposta?

De modo geral, podemos concluir seu perfil de negociação a partir desse teste assim:

• Acima de sete respostas SIM: muito bom, você deve ter facilidade em vender valor e não preço e especialmente de descobrir o DNA do cliente para negociar bem.

• Entre 4 e 7 respostas SIM: precisa trabalhar mais aquilo a que respondeu "não", melhorar sua maneira de negociar e buscar avanços baseados nas técnicas e ideias passadas nesta aula, em especial aprender a fazer mais perguntas de forma eficaz e revelar o DNA da venda.

• Abaixo de quatro respostas SIM: atenção total, você pode comprometer muitos negócios potenciais, perder clientes, projetos, oportunidades. A área de vendas pode não ser uma boa opção para você. Mas não desanime, existem formas de melhorar, porém, é preciso determinação e prática dos conceitos de vendas consultivas passadas nesta aula.

"Esse processo de autoavaliação sobre negociação deve ser realizado constantemente; assim, você sempre poderá pensar sobre os itens que deve melhorar, se esforçar e trabalhar para melhorá-los."

Fonte Bibliográfica: livro Sucesso em Vendas – Ed. Saraiva - 2008 – Ortega, Marcelo – um dos maiores especialistas de vendas do Brasil. www.marceloortega.com.br | visite: tenha acesso a artigos, ferramentas práticas, vídeos e podcasts gratuitos do autor em seu portal.

5 C's dos vendedores extraordinários

Marcos Antonio de Sousa

Gigantes das Vendas

22

Marcos Antonio de Sousa

(42) 99367800 / (42) 30355614 / marcos@marcossousa.com.br /
www.marcossousa.com.br

Palestrante, conferencista e especialista em Vendas, Motivação, PNL, e Comunicação. Graduado em Engenharia Eletrônica e MBA em Administração de Marketing pela Fundação Getúlio Vargas (FGV). Trainer e Master em Programação Neurolinguística. Articulista em diversos jornais, portais e revistas do país. Diretor de treinamentos da Associação Latino-Americana de Segurança. Consultor da Associação Brasileira de Empresas de Sistemas de Segurança. Autor do curso Código Secreto das Vendas. Autor dos livros "Vendendo Segurança com Segurança" e "Premium - Coletânea de Artigos sobre Vendas e Motivação".

Você alguma vez já foi contatado por um cliente que desejava tanto seu produto ou serviço a ponto de comprá-lo sem sequer pedir um desconto? Ele telefona ou vem à sua empresa sem ser chamado, diz o que deseja e assina o cheque sem fazer uma única objeção. Costumo chamá-lo de cliente Tipo A.

Existe um segundo tipo de cliente que vem até você porque deseja muito adquirir o que você vende, mas tem uma referência de preços do mercado e pressiona por mais descontos e prazos. Ele decidiu comprar, mas ainda tem objeções se será de sua empresa e de você. Trata-se do cliente Tipo B.

E existe um terceiro cliente que não conhece, nem deseja comprar seu produto ou serviço. O problema é que agora quem aparece sem ser chamado é você. Você sabe que ele tem um problema ou desejo para o qual seu produto ou serviço é a solução. Trata-se do cliente Tipo C.

Uma multidão de clientes Tipo C está aí inexplorada. Por quê? Ele é uma montanha que não vem até você. Você precisa ir até a montanha e desbravá-la.

Nessa hora descobrimos quem é realmente um vendedor extraordinário, um gigante das vendas. O cliente Tipo C é sem dúvida o teste de fogo para quem se diz ser um vendedor profissional. Talvez esteja na conquista do cliente tipo C o maior prazer quando o assunto é vendas.

Dentre tantas observações que fiz em campo, destaco cinco pontos importantes para quem deseja ser um gigante em vendas.

1. CRENÇA - Qual é o valor máximo que você realmente acredita vender ou ganhar por mês? Trata-se do seu teto mental! Ou seja, a altura máxima do sarrafo salarial que você consegue alcançar. Se você acha que seu rendimento máximo é 5.000,00 reais, saiba que tem outro vendedor no seu mercado ganhando duas, dez ou cem vezes mais. O que você tem dito se aplica a todos? Não? Então é uma crença, e não uma lei. Vendedores extraordinários entendem que são limitados ou impulsionados por suas crenças e por isso decidem adotar crenças extraordinárias.

2. COMPETÊNCIA - Você é extraordinariamente competente para saltar um sarrafo maior? Não importa o que você sabe, mas o que consegue com aquilo que sabe. Vivemos na era do capital social e da competência. Você precisa conhecer as pessoas certas (relacionamento), pois elas te colocarão na sala do cliente Tipo C. Depois você precisa ser o vendedor certo com o produto certo (competência) para ele. O relacionamento te põe dentro. A competência te mantém dentro.

3. Comportamento - Seus clientes decidem pelo prazer ou pela dor? Você precisa entender por que os clientes se comportam como tal, ou seja, descobrir o que os motiva a comprarem ou não algo, enfim, descobrir seus critérios. Não faça o cliente comprar o que você vende. Venda o que eles querem comprar. Descubra o que eles estão comprando e posicione seu produto como sinônimo daquilo que eles compram.

4. Conexão - Como você venderá para um estranho se insiste em parecer estranho? Você conquista empatia espelhando os gestos, posturas e voz dos clientes? As pessoas gostam de comprar de quem elas gostam e confiam. Já que você vai chegar no cliente sem ser chamado, seja uma pessoa que ele chamaria. Pareça e seja familiar. Lembre a cada cliente alguém de quem ele gosta muito - ele mesmo.

5. Comunicação - Seu corpo e sua voz dizem a mesma coisa que suas palavras? Sua linguagem faz sentido? Você conquistará os clientes se conquistar os sentidos deles, através de uma comunicação congruente e convincente. Ou seja, você deve atrair, surpreender, convencer e inspirar seu cliente a comprar. Tudo através do que diz com as palavras (verbal), tom da voz (vocal), gestos e postura (visual). Três V's apontando para o V da Venda.

Esses são, na minha opinião, cinco importantes aspectos da venda, especialmente quando falamos de venda para um cliente que não chamou você, não quer saber de seu produto e muito menos comprá-lo de você. Falamos aqui rapidamente de quem vende (crenças e competências), de quem compra (comportamento) e da relação vendedor-cliente (conexão e comunicação).

Portanto, acredite que você pode vender muito mais para o cliente tipo C (crença), seja um gigante das vendas preparado para esse encontro (competência), descubra o que fará cada cliente comprar (comportamento), estabeleça uma rápida empatia (conexão) e, por fim, comunique uma oferta congruente na linguagem que cada cliente entenda (comunicação). Esses são os cinco C's que você precisa trabalhar para despertar em cada Cliente Tipo C o ponto C de Compra.

"oCê consegue!"

Check List

• **Crença** - Vendedores extraordinários entendem que são limitados ou impulsionados por suas crenças e por isso decidem adotar crenças extraordinárias.

• **Sarrafo Mental** - Qual é o valor máximo que você realmente acredita vender ou ganhar por mês? Você é quem define a altura máxima do sarrafo salarial que você consegue alcançar.

• **Competência** - Não importa o que você sabe, mas o que consegue com aquilo que sabe. Quanto tempo por dia você investe para se tornar EXTRAORDINÁRIO no que faz.

• **Relacionamentos** - Vivemos na era do capital social. Mais importante do que você conhecer as pessoas certas é elas conhecerem você (relacionamento).

• **Comportamento** - Cada cliente em particular possui um comportamento em particular. Descubra o que desperta no cliente o desejo de comprar ou não algo.

• **Critérios dos clientes** - Descubra o que eles estão comprando e posicione seu produto como sinônimo daquilo que eles compram. Venda o que eles querem comprar.

• **Conexão** - Não existe venda duradoura sem conexão. As pessoas gostam de comprar de quem elas gostam e confiam.

• **Empatia** - Você conquista empatia espelhando os gestos, posturas e voz dos clientes? Pareça e seja familiar. Lembre a cada cliente alguém de quem ele gosta muito - ele mesmo.

• **Comunicação** - Comunique uma oferta na linguagem que cada cliente entenda de modo congruente e convincente.

• **3 V's** - Tudo através do que diz com as palavras (verbal), tom da voz (vocal), gestos e postura (visual). Três V's apontando para o V da Venda.

Construindo sua credibilidade em vendas

Prof. Menegatti

Gigantes das Vendas

23

Prof. Menegatti

(41) 3342-9562 / 9942-5150 / palestrante@menegatti.srv.br /
www.menegatti.srv.br

É palestrante nas áreas de Vendas, Motivação, Liderança. Com mais de 20 anos de varejo, suas palestras têm como foco direcionar pessoas a despertar ao máximo seu potencial profissional e pessoal. É autor de vários livros e DVDs, dentre eles o livro "Atendimento gera Vendas - 50 dicas infalíveis que farão os clientes comprarem de você" e o DVD "Venda Emoção".

Segundo Zig Ziglar, o motivador dos motivadores, um processo de vendas sempre apresenta cinco obstáculos a serem vencidos, que são: a falta de necessidade, a falta de dinheiro, a falta de pressa, a falta de desejo, a falta de confiança.

Estudos afirmam que 85% dos motivos pelos quais os clientes não compram é porque têm medo de cometerem erros. Devido a essa bagagem de compras infelizes, os clientes em potencial são geralmente cheios de suspeita, céticos e desconfiados em relação ao que é oferecido, mesmo quando querem e precisam de um determinado produto ou serviço. E, quanto mais caro ele for, mais cautelosos e indecisos ficarão.

Quatro fatores aumentam essa hesitação a qualquer oferta.

1. O Tamanho da Compra: quanto mais dispendiosa, maior risco o cliente vê no negócio;

2. O Tempo de Duração de Vida do Produto: se ele for previsto para durar três anos ou mais e uma vez comprado caro demais para ser substituído por outro, o cliente naturalmente hesitará antes da decisão. O risco de cometer um engano e ficar com um produto encalhado é grande;

3. O Número de Pessoas Envolvidas no Processo: todo mundo já passou pela experiência de ter tomado uma decisão de compra e depois ser criticado pelos outros por causa dessa decisão. Às vezes, as pessoas apenas reclamam da escolha. Outras vezes, salientam como a decisão foi errada, considerando outros produtos ou serviços disponíveis. O pior é quando a decisão se mostra tão ruim que a posição do comprador na empresa fica ameaçada. Essa é a razão do anúncio mais famoso da IBM: "Nunca ninguém foi demitido por escolher a IBM".

4. A Possibilidade de o Cliente ser um Comprador de Primeira Vez: o cliente já comprou ou usou esse determinado produto ou serviço? Já comprou com você ou sua empresa? Em qualquer dos casos, se a resposta for não, o risco que ele percebe é muito maior.

O antídoto para esse ceticismo e essa falta de confiança, normal e natural em qualquer situação de venda, é a credibilidade. A solução está em consolidar, no cliente, a ideia de que você é uma pessoa totalmente merecedora de crédito, vendendo um produto de inteira confiança.

A credibilidade pessoal é a questão essencial em qualquer decisão de compra e sua construção é tão importante que sua personalidade, sua aparência e a opinião dos seus atuais e ex-clientes podem fazer ou desfazer uma venda. Uma deficiência em quaisquer dessas áreas pode ser o bastante para se deixar de fechar um negócio. Alguns pontos são essenciais neste processo. São eles:

CARÁTER – Os clientes podem satisfazer o desejo de comer doce com um chiclete dietético em um dia e com um pote de sorvete em outro. Ele é exatamente a mesma pessoa, mas, dependendo da situação, se comporta de forma diferente. A necessidade de cada cliente pode mudar a cada dia. Esse é um exemplo clássico de mudança de necessidades; mas, quando estamos diante de um cliente que não leva muito em conta os aspectos morais, qual a minha atitude com relação a esses aspectos?

• Tomo decisões com base no que é certo ou no que poderá "facilitar" a venda?

• Mudo minha personalidade, meu discurso ou minhas atitudes de acordo com o gosto dos clientes só para levar vantagem diante dos meus concorrentes?

O caráter de um vendedor é mais importante que a sua competência, pois um lapso de competência pode ser aceito, mas um lapso de caráter causa problemas com extensas consequências. Tenha sempre em mente que é melhor você perder a venda do que perder sua integridade.

APARÊNCIA – Os clientes são muito visuais. Eles procuram pistas na sua aparência para determinarem o quanto você é digno de confiança e competente e, por meio do que veem, julgam a confiabilidade e a capacidade do seu produto e da sua empresa. Uma enorme parte, 95%, da primeira impressão que você causa num cliente é proporcionada pelas roupas. Isso acontece porque as roupas cobrem 95% do corpo. A regra mais simples sobre o vestir-se bem é que nada deve distrair o cliente de você e do que está falando.

OPINIÕES – Você já deve ter recebido de seus clientes e-mails de agradecimento pelo esforço extra para atendê-los, que estão satisfeitos com o produto e pelo excelente atendimento quando o produto esteve em manutenção. Tudo o que você disser ao seu cliente faz parte da sua argumentação verbal. Suas cartas e vídeos têm muito mais credibilidade do que aquilo que você possa dizer, pois as pessoas acreditam mais no que veem do que no que ouvem.

Eu mesmo tenho usado em todas as propostas que envio aos meus futuros clientes. Geralmente utilizo as empresas de maior visibilidade, gráficos de avaliação dos eventos e links com vídeos de depoimentos. Nesse caso, faço questão de colocar nome e cargo, pois quanto maior o cargo maior o prestígio.

Finalizo dizendo que a credibilidade pessoal é construída nos primeiros 30 segundos de conversa, nas primeiras palavras, nas primeiras atitudes diante do cliente. Esse é o tempo, quando a voz interior do seu cliente alerta: "Gostei ou não gostei desse vendedor."

BOAS VENDAS!

EM VENDAS É PRECISO SER DIFÍCIL DE IMITAR

Paulo Araújo

GIGANTES DAS VENDAS

24

PAULO ARAÚJO

(41) 3267 6761 / paulo@pauloaraujo.com.br / www.pauloaraujo.com.br

É palestrante, consultor e diretor da Clientar – Software de Inteligência em Vendas. Administrador de Empresas, pós-graduado em Marketing e em Gestão pela Qualidade e Produtividade.

Especialista em palestras de motivação e de vendas, sempre primando pelo conteúdo das informações e pela interação com o público. Suas palestras surpreendem pela aplicação rápida e prática dos temas que aborda. Realizou palestras em centenas de empresa pelo Brasil. Criador do canal O Papo É Vendas no YouTube.

Autor dos livros: Motivando o Talento Humano – Editora Eko; Motivação - Faça a Diferença – Editora Eko – Best Seller; Motivação – Hoje e Sempre – Editora Qualitymark; Seja Dono de Sua Própria Vida – Editora Qualitymark; Desperte seu Talento – Editora EKO; Talentos em Ação – Editora EKO; Paixão por Vender – Editora EKO.

Guaraná Antarctica tem um sabor inigualável. O "Old Mother Owl" (Velha Mãe Coruja), mais conhecido como Omo, rende mais? E quem nunca usou um bandaid - band (faixa, em inglês) por causa do pedaço de esparadrapo e aid (socorro, ajuda) -, que desde 1947 nos socorre em pequenos ferimentos? E a experiência de jogar games com pessoas do mundo todo?

O que as empresas que produzem os produtos acima têm em comum?

Elas são únicas, possuem marcas singulares que fazem a diferença, criam mercados e mantêm a lealdade dos seus consumidores.

Em uma época onde se fala tanto em crescimento sustentável, ecologia e respeito ao consumidor fica cada vez mais difícil ser diferente ou fazer a diferença, mas creio que independente do tamanho da sua empresa ou área de atuação você pode sim crescer e ser reconhecido. Como? Seja difícil de imitar.

Os consultores norte-americanos Alexander Kandybin e Surbhee Gorver listaram alguns pontos que podem fazer efetivamente a diferença para uma empresa conquistar o mercado. Já adianto que a ideia não é ter todos simultaneamente, mas trabalhar forte para ser referência em ao menos dois ou três dos pontos citados pode ser questão de sobrevivência.

Ponto 1 – Tecnologia

Ser o único a oferecer uma determinada tecnologia é algo raro e que dura pouco, pois rapidamente a concorrência copia ou faz melhor. Tentar se basear nesta estratégia exige alto investimento em inovação e pesquisa, mas que dependendo do seu mercado se faz necessário. Além da tecnologia em produtos não podemos nos esquecer de adotar a melhor tecnologia em gestão. A diferença não deve estar só no que se produz, mas no modelo de negócio que possa trazer um diferencial no atendimento, distribuição, logística, escala ou custos operacionais melhores do que seus principais concorrentes ou a média do mercado.

Ponto 2 – Benefícios

Os benefícios que a sua empresa oferece aos seus clientes estão adequados ao que eles necessitam, sonham ou desejam? Benefício efetivo é aquele percebido pelo cliente como tal. Aquilo que ele efetivamente usa e que só a sua empresa oferece. Caso o concorrente também ofereça, deixa de ser uma vantagem e entra na faixa do senso comum. Veja a linha diet ou zero dos refrigerantes. Alguém lançou primeiro, hoje todos têm.

Ponto 3 - Características Únicas

O que só o seu produto ou empresa faz de diferente? O que só você tem? Você vende commodity ou algo que vale a pena para o cliente pagar mais? Prove que seu produto é único por meio de testes comparativos, planilhas que demonstrem o quanto sua empresa pode ajudar em termos de produtividade, certificados de organismos reconhecidos, ou, ainda melhor, depoimentos de clientes satisfeitos.

Ponto 4 – Experiência

A experiência de consumo envolve o aspecto emocional. A questão preço se torna de menor proporção pelo sentimento, sensação ou status que confere ao consumidor. As linhas de produtos gourmet são um bom exemplo, como cafés, vinhos, cervejas. Posso citar também resorts, hotéis fazenda, aplicativos, canais de TV fechados de esportes, notícias ou filmes, entre milhares de outros exemplos que fazem a alegria dos aficionados por acesso ao que há de melhor em determinado assunto. Neste ponto sua empresa precisa criar ou atender uma necessidade emocional dos seus clientes e assim manter uma relação de cumplicidade, fidelização e lealdade com o seu público. O atendimento e qualificação técnica da sua equipe podem ser um grande diferencial, afinal não há como copiar pessoas.

Ponto 5 - Design e Embalagem

Neste caso normalmente exigem-se mudanças no processo de produção que torne e garanta a sua empresa certo período de exclusividade no mercado. No mercado de cosméticos certas embalagens e design são verdadeiras obras de artes e difíceis de serem resistidos à tentação de compra por parte dos consumidores. Cores, cheiros e formato são sempre excelentes apelos de vendas.

Agora é hora de refletir quais dos pontos acima se aplicam ao seu mercado e a sua realidade organizacional e criar algum método para ser reconhecido como diferente. O seu cliente não irá se lembrar ou escolher a sua marca pelo fato de ser igual ás demais, mas sim pelo valor que criou pelo seu desempenho ou experiência de consumo.

O ditado diz que quem ri por último ri melhor, então vale a pena citar a famosa frase do lendário Bob Marley: "Vocês riem de mim por eu ser diferente, e eu rio de vocês por serem todos iguais".

Resumo com as principais dicas do artigo

O que determina o sucesso de vendas de determinadas empresas?

Resposta: são difíceis de imitar.

Neste artigo Paulo Araújo reflete sobre alguns pontos que os consultores norte-americanos Alexander Kandybin e Surbhee Gorver listaram que efetivamente fazem a diferença.

Políticas, diretrizes e práticas em relação à tecnologia adotada, benefícios dos seus produtos, características únicas, conhecimento técnico e experiência da sua equipe de vendas, design e embalagem são a causa de vida ou morte para muitas organizações.

Leia o artigo que definitivamente ajudará a sua empresa a refletir e criar algum método para que seja reconhecida como diferente na mente do seu cliente.

Torne-se um Vendedor Coach

Paulo Gerhardt

Gigantes das Vendas

25

Paulo Gerhardt

paulo@treinar.com.br / www.paulogerhardt.com.br

É especialista em ajudar profissionais e empresas a alcançarem resultados superiores através de perguntas poderosas no processo de vendas. Mestre em Management e Marketing Estratégico pela UCES de Buenos Aires, pós-graduado em Administração de Marketing pela ULBRA, Engenheiro Eletrônico pela UFRGS, Coach com formação em Coaching Integrado e Certificação Internacional pelo ICI (Integrated Coaching Institute). Professor da Business School SP, ESPM Sul e UNISINOS. Consultor e Coach especializado nas áreas de Marketing, Vendas, Negociação e Planejamento Estratégico.

Já atendeu empresas no Brasil e exterior, tais como: Atento, Badesc, Banrisul, CEF, CEEE, Celesc, Copel, Correios, Embratel, Frasle Argentina, GVT, Hospital Moinhos de Vento, Intelig, Marcopolo, Oi, Promon, Spirito Santo, Supermercados Imperatriz, Telmex, Telefônica de Espanha, Unimed, Vivo, entre outras. Participou como palestrante em dezenas de seminários e congressos nacionais e internacionais. Diretor da Treinar Desenvolvimento Empresarial há mais de 20 anos e da SolBiz Resultados Superiores.

Durante anos ouvimos falar que o perfil do vendedor ideal era aquela pessoa que tinha uma grande capacidade de convencer o cliente a comprar seus produtos. E, para isto, deveria ter uma habilidade de falar sobre seu produto e contornar as objeções. No entanto, o que está ocorrendo hoje? Quanto mais ele fala, mais objeções surgem, quanto mais objeções surgem, mais ele fala. Qual o resultado disto? Na maior parte dos casos resulta na perda da venda. Atualmente, as empresas e os próprios profissionais de vendas perguntam-se: "O que posso fazer para aumentar a minha performance de venda?"

Em um mercado onde há muita concorrência, onde o cliente tem pouco tempo para atendê-lo e tem acesso a toda informação que desejar, o comportamento do vendedor deve ser diferente para atingir os resultados exigidos pelas empresas. Primeiro, é preciso incorporar as novas mídias e o marketing digital no processo da venda. Segundo, o vendedor precisa melhorar seu processo de comunicação e passar a ter mais habilidade em ouvir mais e falar menos. Ao procurar escutar mais o cliente, buscando entender mais suas necessidades, bem como todos os impactos que os problemas ou insatisfações relacionados a elas trazem para ele e conduzindo o cliente para que ele chegue à solução, além de os vendedores obterem muito mais informações sobre seus clientes, descobrirem novas oportunidades e criarem valor na sua solução, estarão agindo de forma empática, não mais tentando convencer o cliente a comprar o seu produto e, sim, influenciando-o para uma possível solução que será encontrada pelo próprio cliente. Qual o resultado disto? Mais vendas serão fechadas.

O segredo para buscarmos um resultado diferente nas vendas é mudarmos o nosso comportamento. É deixar de focar na solução e no conjunto de argumentos de vendas que muitos vendedores decoram e sempre utilizam com todos os clientes e focar nas necessidades do cliente, utilizando perguntas inteligentes e impactantes, que façam o cliente refletir sobre a importância do problema e em como solucioná-lo. A esta nova abordagem eu chamo de Coaching de Vendas e aquele que a pratica, de Vendedor Coach.

Alguns anos atrás, a concorrência não era tão acirrada, os clientes tinham pouca informação, a variedade de produtos era pequena, os recursos tecnológicos eram restritos e, consequentemente, o nível de exigência dos clientes era muito menor do que hoje. Agora, imagine além de toda esta evolução um cenário mais inseguro e com menos dinheiro circulando. Como manter e aumentar suas vendas?

Isto que está ocorrendo agora não é decorrente da crise. Este problema já vem ocorrendo há alguns anos e muitas empresas têm tido dificuldade em manter suas vendas em crescimento. No meu método do Coaching de Vendas, proponho um conjunto de nove etapas simples e práticas, que chamo de FIDELIZAR, e têm demonstrando uma eficácia muito grande, são elas:

1) Faça o planejamento da venda.

2) Investigue os prospects destes segmentos-alvo.

3) Desenvolva o relacionamento com seus potenciais clientes antes mesmo de abordá-los.

4) Faça o cliente declarar suas necessidades.

5) Foque sua venda nos problemas do seu cliente e procure criar valor aumentando a dimensão deste problema.

6) Conduza o cliente para a solução do seu problema.

7) Antecipe as principais objeções ou contorne-as com perguntas, evite defender-se ou arranjar desculpas.

8) Aguarde o momento certo e faça perguntas objetivas para fechar a venda. Faça uso de gatilhos mentais para acelerar a tomada de decisão.

9) Realimente o processo, invista no relacionamento e faça um excelente pós-venda.

Procurei resumir de maneira bem objetiva o assunto. Agora é com você, pois somente colocando em prática tudo isto é que as mudanças nos resultados ocorrerão.

10 PRINCÍPIOS DA ALTA PERFORMANCE

Raul Candeloro

Gigantes das Vendas

26

RAUL CANDELORO

www.raulcandeloro.com.br / www.vendamais.com.br

É diretor da VendaMais, autor de mais de 15 livros sobre vendas, consultor e palestrante.

Embora todos queiram atingir a alta performance nas áreas onde atuam, poucas pessoas realmente se dedicam a estudar o assunto de maneira mais aprofundada.

Falando especificamente de alta performance em Vendas, podemos dizer que ela traz sete grandes benefícios:
- Sucesso financeiro ($$$);
- Liberdade e opções de escolha;
- Melhora a sua rede de relacionamentos;
- Abre novas oportunidades de crescimento pessoal e profissional;
- Estabelece um bom exemplo para todos à sua volta (incluindo sua família);
- Ajuda você a manter-se sempre motivado;
- Ajuda você a se entender melhor e a procurar seu 'melhor você' (kaizen – hoje melhor do que ontem, amanhã melhor do que hoje).

Estar em alta performance provoca uma sensação muito boa e um ciclo virtuoso muito positivo: você fica mais motivado com seus resultados e obtém resultados cada vez melhores pois está motivado.

E como fazer para chegar lá? Tenho estudado e analisado tanto o comportamento quanto os resultados de profissionais de vendas de sucesso desde 1994, quando comecei a VendaMais (na época chamava-se Técnicas de Venda).

Fruto de toda essa experiência criei uma lista com dez princípios da alta performance em Vendas. Quantos deles você está praticando?

1) DEFINIR METAS: metas que sejam específicas, mensuráveis, alcançáveis, relevantes e com tempo definido para serem alcançadas (EsMART).

2) REASON WHY: por que você quer atingir essa meta? Esse por que, ou reason why, é o que realmente vai definir se você está motivado e engajado para atingir uma meta. Se o motivo pelo qual você quer atingir uma meta é fraco, seu engajamento será fraco e você provavelmente terá dificuldades em alcançar esse objetivo. Se o seu 'por que' for forte, você estará muito mais engajado, terá mais persistência e sua probabilidade de sucesso aumenta muito.

3) PLANO B: toda pessoa de alta performance tem um Plano B, mas esse Plano B é diferente das pessoas de baixa performance. Para as pessoas de baixa performance, Plano B é mudar a meta e torná-la mais fácil. Para as pessoas de alta performance, a meta continua igual – o que muda é o que está sendo feito para alcançar a meta. Ou seja:

• **Alta performance:** em meta não se mexe, mexe-se no que está sendo feito para atingir a meta.

• **Baixa performance:** baixa-se a meta, tendência a querer continuar repetindo o que não está funcionando.

4) HÁBITOS DE SUCESSO: pessoas de sucesso, quando estão em alta performance, têm uma série de 'rituais' diários que são repetidos continuamente. O horário de dormir, de acordar, a alimentação, a postura mental, atividades planejadas e executadas... tudo pensado de maneira a melhorar sua produtividade e resultados. Pessoas de baixa performance têm hábitos também, mas que não agregam (ou às vezes até atrapalham) a sua produtividade.

5) OTIMISMO REALISTA: existem diversos estudos que mostram que pessoas otimistas, na média, têm melhores resultados do que pessimistas. O que ninguém comenta, porém, é que alguns otimistas são um fracasso. Quando foram analisar isso, psicólogos comportamentais descobriram que existem dois tipos de otimismo: o realista (que acha que consegue mas vai ser difícil) e o fantasioso (que acha que consegue e que vai ser fácil). Quando o otimista acha que vai ser fácil ele/ela não se prepara e, principalmente, não tem nem resiliência nem persistência ou perseverança para lidar com obstáculos, dificuldades ou contratempos. Quer ter alta performance? Seja um otimista realista: você deve acreditar que consegue, mas que vai realmente ter de se empenhar para superar as dificuldades que naturalmente surgirão.

6) KAIZEN: *kai* em japonês significa 'mudança'. *Zen* significa 'bom'. Kaizen, então, significa encarar as mudanças como algo bom. A frase de que mais gosto para definir isto é "Hoje melhor do que ontem, amanhã melhor do que hoje". Pessoas de alta performance estão sempre aprendendo, sempre procurando melhorar, sempre tentando criar novos hábitos que sejam mais eficientes. Isso precisa também de uma boa dose de humildade – só continua crescendo quem acredita que pode melhorar e que está aberto/a a isso.

7) RECEPTIVIDADE AO FEEDBACK: Falando em humildade, a abertura e a receptividade ao feedback é outra grande característica da alta performance. Existem duas formas básicas de lidar com o feedback:

• **Fixa:** a pessoa acha que já atingiu seu limite de potencial, de crescimento, e que a única forma de conseguir melhorar seus resultados é fazendo "MAIS".

Essa pessoa não consegue separar ela mesma das atividades que realiza, dos resultados que alcança. Para uma pessoa 'fixa', as três coisas são uma coisa só. Então ela reage muito mal a um feedback de melhoria, mesmo que baseado puramente em resultados ou atividades, pois, para ela, como é tudo uma coisa só, uma crítica aos seus resultados é uma crítica a ELA.

• **Incrementais:** estas pessoas já conseguem separar sua própria pessoa das atividades realizadas, dos resultados conseguidos. Quando alguém lhes dá um feedback de melhoria, seja sobre atividades, seja sobre resultados, elas têm o equilíbrio e a inteligência emocional de separar as coisas. Essa abertura ao feedback faz parte de estarem aprendendo sempre (princípio 6, do Kaizen) e é fundamental para quem quer ter alta performance de maneira sustentável.

8) **Disciplina:** uma das grandes verdades na vida é que os seus resultados dependem muito mais do que você faz todos os dias, de maneira consistente, do que de iniciativas esporádicas. Pessoas de alta performance têm a disciplina de fazer o que planejaram fazer, de fazer o que disseram que iam fazer, de cumprir o que prometeram. Mesmo que chova, faça sol, não estejam muito bem, estejam cansadas etc. Disciplina é fazer o que você sabe que precisa ser feito mesmo quando não estiver com vontade. E é uma das grandes características das pessoas de alta performance.

9) **Foco no Positivo:** note a diferença entre estas duas metas – não quero ser gordo x quero ser magro. A princípio parecem iguais, mas o processo de pensamento e as ações/reações que provocam são completamente diferentes. Pessoas de alta performance definem o que QUEREM. Lembre-se: não dá para ter sucesso e realização sustentável fugindo de algo. Objetivos dão foco e o foco tem que ser num resultado futuro positivo, algo que você quer.

10) **Gratidão:** praticar a gratidão semanalmente é um fator importante que diminui o estresse, aumenta a sensação de conexão e bem-estar, reforça focos positivos, faz você valorizar o que tem, as pessoas à sua volta, o que já conquistou. Minha recomendação: compre um caderno e anote, uma vez por semana, coisas pelas quais você é grato: nos seus relacionamentos, na sua saúde, no seu trabalho, nas oportunidades de crescimento, na família. Todos os nove princípios anteriores são para ter alta performance. Este é para ter alta performance e ser feliz!

Abraço, boas vendas.

INFLUÊNCIA VENDEDORA

Ricardo Lemos

Gigantes das Vendas

27

RICARDO LEMOS
www.ricardolemos.com

Mestre em Administração e Negócios; administrador de empresas; especialista em Administração de Marketing; especialista em Inovação Tecnológica; Master Practitioner em Neurolinguística; consultor de Marketing e Vendas.

Atua com vendas de serviços desde 1994. Foi empresário de publicidade por 12 anos.
É professor de MBA de Gestão Comercial

Percorre o país proferindo palestras motivacionais, workshops e treinamentos nas áreas de marketing, comunicação, vendas, varejo, negociação e atendimento ao cliente.

Muito eu já ouvi falar que o homem é o produto do meio em que vive. Quando eu era adolescente, meu pai me dizia: "Diga-me com quem andas que eu direi quem és". E, quando vejo grupos de jovens, de turistas e de vendedores interagindo entre si, essas afirmações fazem todo o sentido. Pois há uma forte influência agindo entre eles. Resta saber se são somente influências boas.

Influenciar significa exercer ação psicológica sobre alguém. Essa ação pode ser proposital ou totalmente involuntária. As influências acontecem a todo momento através de comportamentos, ensinamentos, comentários, conselhos, sugestões, entre outros. Também somos influenciados por lugares, ambientes, filmes, livros, vídeos, músicas, sites, blogs, canais de televisão, estações de rádio, religiões, redes sociais e também por eles, nossos clientes.

Talvez você já tenha passado férias em uma praia, em um hotel específico por ter ouvido excelentes comentários de alguém que você admira ou considera muito. Ou, ainda, passou a vender algo em determinado mercado por ter amigo(s) atuando nesse mercado. A grande verdade é que hoje nós somos uma mera construção do meio em que vivemos.

Agora, você já imaginou de onde vêm suas crenças, mitos, manias, ideias, hábitos, maneiras de pensar e de trabalhar? E de onde vêm suas técnicas de vendas e seus argumentos? E tudo isso simplesmente nasceu em sua cabeça? Ou será que você foi absorvendo, consciente e inconscientemente, do meio em que você vive durante toda sua vida?

Diante disso, fico pensando sobre quantas oportunidades e vendas perdemos por nos deixarmos influenciar por comentários e opiniões.

Nossos resultados não são melhores dos atuais porque é mais cômodo nos influenciarmos com gente que pisa no freio e estaciona do que com aqueles que aceleram mais que nós.

Damos mais ouvidos a quem diz que não dá pra fazer do que para aqueles que estão fazendo, pois para aumentar nosso sucesso o trabalho é maior do que ficar onde estamos. E para alguns mais influenciados negativamente é mais fácil reclamar, dar desculpas, reclamar da empresa, do governo e do mercado do que agir.

Então, agora pare e pense: quem são seus mestres, de quem você copia os melhores exemplos, quem você segue e em que se espelha? Todos eles são fonte de influências verdadeiras e positivas?

Para você melhorar seus resultados, pratique dicas da Influência Vendedora:

- Vá atrás de quem está acelerando. Afaste-se dos que pisam no freio.
- Evite pessoas negativas e que reclamam o tempo todo.
- Lembre-se de que o sucesso deixa rastros. Procure identificar o que estão fazendo e como se comportam aqueles que estão obtendo melhores resultados que os seus.
- Busque novas referências, maneiras de pensar e se comportar.
- Transforme suas falhas do passado em novos atalhos para o futuro.
- Reavalie os critérios de suas escolhas.
- Aceite o conselho de Steve Jobs, que um dia disse: "Não deixe o ruído da opinião alheia sufocar sua voz interior".
- Tenha consciência de que mudar e evoluir poderá ser trabalhoso, mas com recompensa garantida.

E, quando você estiver diante de clientes ou prospects, influencie positivamente e:

- Troque o foco da conversa quando estiver sendo muito negativa.
- Ao abordar clientes não pergunte como estão os negócios ou as vendas. Faça um elogio ou um comentário positivo.
- Seja fonte de notícias boas.
- Mostre o que seus produtos e serviços podem fazer por seus clientes.
- Apresente exemplos de sucesso de outros clientes satisfeitos.

A Influência Vendedora, apesar de ser algo invisível, está sempre presente e será realmente vendedora se você colocá-la em prática. Então faça proveito desta excelente ferramenta para suas vendas e sua vida.

Em tempo de crise tire o "s" - 3 dicas para aumentar a lucratividade!

Ricardo Ventura

Gigantes das Vendas

28

Ricardo Ventura
www.ricardoventura.com.br

É autor, treinador e coach/mentor de palestrantes.

Administrador de empresas, pós-graduado em Psicologia, especialista em Comunicação Persuasiva.

Criado do C.F.T.P. – Centro de Formação de Treinadores e Palestrantes.

Apresentador na Rede NGT de Televisão.

A minha primeira pergunta é:

Quando saímos da crise?

Desde que me conheço por gente eu sempre ouço que estamos em crise... Uma hora é culpa:

- Do dólar;
- Do governo;
- Dos impostos;
- Das barreiras alfandegárias;
- Da inadimplência;
- Falta de grana na praça;
- Mão de obra desqualificada;
- Insegurança etc... etc...

E devo afirmar que REALMENTE todos estes itens são muito chatos para quem quer produzir, empreender, enfim, trabalhar dignamente!

Mas ao mesmo tempo devo dizer que não há nenhuma novidade nisso... Ouço essa reclamação por décadas!

E o que não é novo é previsível, e se é previsível deve constar no seu plano de ação!

A única saída para dominar a crise é tirar o "s"!

Em tempos de crise... **CRIE!**

Outra coisa que também ouço de muitos sabichões com olhares de superioridade como se criar na crise fosse fácil... **SEJA CRIATIVO! SEJA DIFERENTE! CRIE SEU OCEANO AZUL!**

Primeiro, e ainda bem, que não é fácil ser diferente... porque se fosse fácil qualquer idiota faria (frase que carrego comigo há três décadas! – e me impulsiona para resultados mensuráveis!).

E se qualquer idiota fizesse... Pronto, acabaríamos novamente sem sermos singulares...

Hoje eu nem vou falar de "oceano azul", de criar coisas extremante singulares e inéditas, mas de três atitudes que podem te salvar em tempos de "crise", ou seja, é algo que você deva fazer constantemente nos seus negócios – seja qual for o tamanho ou segmento deles!

Estoques – apenas 20% dos itens do seu estoque/produtos são responsáveis por 80% do teu faturamento!

Então, em tempos de crise diminua drasticamente a recompra ou a comercialização destes produtos ou serviços! Foque no que te dá mais retorno imediato!!

Vendas – Aumente Suas Vendas! Pô, Ricardo, você está me chamando de idiota?! Todo mundo sabe que aumentando as vendas a coisa melhora... Sim! Você está certo, mas poucas pessoas AGEM para isso!

Pessoas que trabalham com propaganda vão me matar... Mas em tempo de grana curta não gaste dinheiro com propaganda tentando atrair NOVOS consumidores (estes são caros e mais exigentes). **Gaste Dinheiro Com Teu Cliente! Com Aquele Que Já Te Conhece E Merece, Agora Mais Do Que Nunca, Sua Atenção Total:**

- Aumente os prazos e banque os juros!
- Aumente o desconto para pagamento à vista.
- Dê mais atenção às vendas adicionais, justamente para estes bons pagadores.
- Crie combos de produtos e serviços – nos quais o cliente irá perceber mais "valor" na sua aquisição.
- Treine, treine, treine seus gerentes, supervisores, vendedores para ter cada vez mais um atendimento premium! Garanto para você que este será o único diferencial - experiência de compra!
- Corra atrás dos clientes inativos!

Custos – Custos são como unhas. Você deve cortar toda semana – ou seja, cortar custos é uma prática que deve ser constante!

- Procure sempre novos fornecedores e pleiteie valores mais baixos para começar uma parceria/teste.
- Olhe com carinho para tudo o que não é "custo-fim", ou seja, "custos-meios". É o que eu chamo de custos que não estão ligados diretamente à produção do seu produto/serviço, mas impactam no seu preço final: tarifas bancárias, contador, seguros, provedores, água, luz, telefonia, produtos de limpeza/manutenção, custo com pessoal de serviços (faxina, portaria, manutenção), aluguéis (caso você não necessite de porta aberta e ponto comercial, cogite em pagar menos aluguel em outro lugar).

• Terceirize Ao Máximo - Saia da CLT! Tudo o que você puder contratar por temporada, contrate! Diminua seu custo fixo com pessoal.

• A última opção (aqui muitos empregados vão chiar). Veja se consegue trabalhar com menos funcionários, pague um pouco mais para aqueles que vão ficar (horas extras – quando precisar, bônus e afins) e demita os menos qualificados.

Enfim, existem muitas práticas que podem fazer seu produto ou serviço serem mais criativos e inovar no mercado, não estou descartando isso, mas muitas vezes devemos começar com o básico, olhar para nosso umbigo e retirar as sujeirinhas ali instaladas, antes de querer colocar um novo piercing!

Neurocomportamento em vendas

Roberto Recinella

Gigantes das Vendas

29

Roberto Recinella

(44) 9146-2518 / www.rrecinella.com.br / www.neurocomportamento.com.br

Especialista em neurocomportamento.

Idealizador da PHD – Pharmácia do Desenvolvimento Humano, a 1ª Farmácia Comportamental do Mundo.

Desenvolveu o programa GAPP – Gestão de alta performance profissional.

Criador do Caap Agro - Capacitação de alta performance para profissionais do Agronegócio.

Coach com mais de 1000 horas formado na Academia Brasileira de Coaching licenciada pelo BCI – Behavioral Coaching Institute, utilizando a Filosofia Willpower.

Possui MBA pela FGV e Ohio University em "Gestão de pessoas em ambiente de mudanças".

Eleito um dos 25 maiores nomes em motivação corporativa no Brasil sendo um dos colaboradores do livro "Gigantes da Motivação", Ed Landscape, 2007.

Autor dos livros: "É Divertido fazer o impossível", "Superando Limites" e "Eu sou o Obstáculo".

Coautor dos livros "Coaching – a nova profissão", "Programados para vencer".

Mais de 4 milhões de pessoas já leram os artigos de Roberto Recinella.

Professor MBA – Faculdade Integrada de Campo Mourão/PR.

Se a maioria das pessoas gosta de comprar, então por que é tão difícil vender?

Atualmente, o cliente moderno quer rapidez e qualidade.

Na maioria dos segmentos, há mais de um líder de mercado, a competitividade é muito alta e o foco das empresas, que já perceberam essas mudanças, para o trabalho constante de aperfeiçoamento e desenvolvimento da comunicação e relacionamento entre a equipe de vendas e o cliente, identificando assim o seu foco, suas percepções e, a partir disso, poder traçar as melhores estratégias de marketing e vendas para a fidelização e vendas aos seus clientes.

Você está satisfeito com os resultados que a sua equipe vem obtendo? Ou está apenas repetindo fórmulas antigas esperando obter novos resultados?

A maioria dos profissionais de vendas de alta performance está, teoricamente, capacitada em técnicas de vendas, conhecimento do produto e da concorrência, mas lhes falta conhecimento do perfil de cliente.

Por isso o processo de vendas muitas vezes não funciona, mesmo com todo o conhecimento e aplicando as mais modernas técnicas de vendas o profissional não consegue prender a atenção do cliente tempo suficiente para expor sua proposta, aplicar os seus conhecimentos e assim concretizar a venda.

Cada cliente possui uma história de vida singular, somos todos diferentes. Sendo assim, devemos ser tratados de formas diferentes.

Mas o que ocorre na realidade é que o profissional utiliza de forma indiscriminada a mesma técnica e argumentação para a maioria das pessoas e com os clientes restantes utiliza-se de pequenas variações das mesmas técnicas, ou seja, ninguém valoriza as necessidades peculiares inerentes a cada cliente.

Enfim, não adianta nada utilizar a técnica ou abordagem certa com o cliente errado.

Através do neurocomportamento nós podemos fazer isso, identificar o perfil de cada cliente e assim adaptar nossas técnicas e ferramentas de vendas antes de abordá-lo, tornando-as assim mais eficazes.

A definição acadêmica para Neurocomportamento, segundo o neurocientista Aguilar Pinheiro, é o estudo da relação entre as funções neurais e o aprendizado comportamental, com base no estudo das áreas que gerenciam ou influenciam determinados comportamentos. O objetivo é conhecer a "engenharia experiencial" que o cérebro utiliza em dado contexto e através da experiência de determinado sujeito para gerar ações ou reações. Portanto, não é um processo padrão, que serve a todos os sujeitos, em todos os contextos.

Sequestramos esta expressão e a redefinimos para a gestão do capital humano, em que o neurocomportamento estuda o aprimoramento do comportamento humano em vista do melhor entendimento de como o cérebro funciona nos níveis individual e sistêmico.

O neurocomportamento auxilia a compreender o que está ocorrendo em sua mente e na mente das pessoas ao seu redor, assim alcançando melhores resultados profissionais.

O neurocomportamento é a ciência que aborda os princípios do comportamento humano através de estudos do funcionamento da mente humana, fruto de pesquisas neurocientíficas, com práticas de desenvolvimento de competências essenciais do desenvolvimento humano voltado para a alta performance, maximizando modelos de gestão intra e interpessoal e proporcionando através da mudança positiva o atingimento da excelência inerente a cada indivíduo.

Neste momento você deve estar se perguntando: "E eu com isso?"

Vamos a um exemplo prático.

A psicóloga social e professora em Harvard Amy Cuddy diz que a linguagem corporal pode mudar a forma como nos vemos ao assumir uma postura autoconfiante e como ela afeta os níveis de testosterona e cortisol em nosso organismo.

A testosterona é responsável pela coragem e autoconfiança, já o cortisol pelo estresse. Amy observou que a alta testosterona e o baixo cortisol são responsáveis no reino animal pelos indivíduos que têm mais assertividade e aceitam riscos.

Em seus estudos ela demonstra que uma pessoa que adota uma postura vencedora por dois minutos aumenta em 20% a testosterona e diminui em 25% o cortisol; já aquela que adota uma postura perdedora apresenta uma diminuição de 10% da testosterona e aumento de 15% no cortisol, enfim, o seu comportamento interfere na homeostase hormonal, que por sua vez influencia a dinâmica do cérebro.

Outro exemplo, batizado de neurônio espelho, foi descoberto acidentalmente pelos neurocientistas Giacomo Rizzolatti, Leonardo Fogassi e Vittorio Gallese em 1994 na Universidade de Parma, na Itália.

Este neurônio dispara quando um indivíduo tem um determinado comportamento, que faz outro indivíduo imitá-lo inconscientemente como se ele próprio tivesse a iniciativa de realizar essa ação, ou seja, existe uma indução do comportamento.

Estes neurônios já foram observados de forma direta em primatas, acreditando-se que também existam em humanos e alguns pássaros.

Isto explica o motivo pelo qual o bocejo é tão contagiante e também se suspeita ser a base do comportamento empático humano.

Como disse Epicteto, filósofo que viveu no Império Romano no século I, "O que perturba os homens não são as coisas em si, mas as ideias que os homens têm a respeito delas".

A MELHOR MANEIRA DE COMBATER OBJEÇÕES

Rodrigo Cardoso

Gigantes das Vendas

30

RODRIGO CARDOSO
www.rodrigocardoso.com.br

Engenheiro formado pela USP com pós-graduação em Psicologia.

Ministra palestras há quase duas décadas em empresas por todo Brasil, além de Orlando, na Flórida – EUA, e Buenos Aires – Argentina.

Especialista em Atitude e Comportamento Organizacional, tem feito a diferença em empresas dos mais diversos segmentos abordando temas efetivos como Motivação, Liderança, Vendas e Atendimento ao Cliente.

Alguma vez, você já ouviu um "NÃO" no processo de vender um produto ou serviço, ou mesmo em uma negociação? Imagino que sua resposta seja um sonoro:

– É claro que sim!

Geralmente, é nesse momento que um profissional de vendas ou um negociador entra em desespero, sonhando com o fabuloso dia em que fará uma negociação e tudo sairá do jeitinho que ele quer, com o seu cliente dizendo "SIM" o tempo todo, para tudo o que ele expuser.

A questão é que esse fabuloso dia simplesmente nunca chegará! Precisamos urgentemente aprender a conviver com as objeções e, principalmente, passarmos a gostar delas, porque são preciosas oportunidades de aprendizado. E você certamente dirá:

- Mas Rodrigo, gostar das objeções?! Que ideia maluca é essa?

Isso mesmo! Acredite, não poderia haver nada pior do que ouvir "SIM" durante toda sua explanação e ao final, quando fizesse a pergunta mais importante – "Então, o senhor está interessado em adquirir nosso produto (ou serviço)?" –, ele simplesmente lhe dissesse um sonoro e lacônico "NÃO, OBRIGADO!"

Porque aí sim, iludido pela recorrente aceitação e concordância de seu cliente, você ficaria completamente sem argumentos. As objeções conspiram a nosso favor, indicam o caminho para a conclusão da venda. São elas que nos revelam o que falta para fechar um bom negócio. Portanto, aprenda a tirar proveito delas e torne-se um vendedor e negociador exemplar.

O grande problema é que os profissionais de vendas, sem treinamento adequado, querem combater as objeções no momento em que elas aparecem. É como chutar para o gol em cima dos zagueiros. O que sugiro, neste artigo, é que você primeiro drible os zagueiros e até o goleiro, para somente depois chutar e fazer o gol!

Aqui vão as dicas de como fazer:

Primeiro Passo

Você deve descobrir quais são as objeções do seu cliente para a conclusão positiva do negócio que deseja realizar. Na analogia que estou fazendo, é o mesmo que descobrir quais são os zagueiros e onde estão posicionados, antes de chutar para o gol, ou seja, significa argumentar as objeções e concretizar a venda.

Para descobrir onde estão os zagueiros, ou melhor, as objeções, use perguntas como "O que te impede de adquirir nosso produto ou serviço agora?" Provavelmente, as respostas dele serão as costumeiras, do tipo "Não tenho dinheiro, acabei de reformar a casa, estou sem tempo, não posso tomar decisões sem minha esposa etc...". Esses são os zagueiros!

Geralmente, um vendedor sem treinamento começa a combater as objeções nesse exato momento. Errado! Embora ele já tenha identificado as razões que podem impedir o cliente de comprar, ainda não é hora de argumentar, ou seja, não é hora de chutar a bola para o gol. O mais prudente e inteligente, neste momento, seria driblá-los para chutar somente quando o gol estiver livre.

Segundo Passo

Faça as objeções serem as últimas, ou seja, cerque-as antes de combatê-las!

É simples: com tranquilidade, tentando ajudar o cliente a tomar a decisão, faça perguntas repetindo exatamente a mesma palavra que ele usou. Atenção! Eu digo exatamente porque na mente dele "caro" é diferente de "alto custo", que é diferente de "preço acima das minhas possibilidades". Para você, pode ser a mesma coisa, mas não corra o risco de criar sinônimos. Em vendas, isso é muito perigoso.

Pois bem, usando a mesma objeção do cliente, você deve cercá-la perguntando:

– Essa é a única coisa que te impede? Quero dizer, além de o senhor achar "caro", existe mais alguma coisa que te impede de adquirir o produto hoje?

Se ele responder que sim, basta voltar ao primeiro passo e repetir o processo, ANTES de começar a combater a objeção. Vá obtendo sintonia com ele. Pergunte:

– Além de caro, além de o senhor não tomar decisão sem sua esposa, de não ter tempo, ainda tem mais alguma coisa que te impede?

Verifique as expressões faciais e corporais, isso é muito importante. O que você está fazendo aqui é cercando e driblando os zagueiros. Apenas depois de esgotar todas as objeções é que você deve seguir em frente.

Terceiro Passo

Use o acordo condicional. Antes de começar a usar todos os seus habituais argumentos, tais como diferentes formas de pagamento, modelos mais acessíveis e todos os outros que você já usa tão bem, ouça um "SIM" do cliente para seguir em frente. Para isso, ofereço a você agora um presente, ou seja, a pergunta que vai fazer você ganhar o seu cliente porque só permite uma resposta verdadeira. E esta resposta é "SIM!"

"Caro cliente, se nós dois juntos encontrarmos uma solução para essas objeções, com que O SENHOR CONCORDE, é claro, estaria disposto a falar a respeito da aquisição deste produto (ou serviço)?"

Atenção, leitor, essa é a sua hora de chutar para o gol! Coloque ênfase no tom de voz ao falar "... COM QUE O SENHOR CONCORDE...", pois são exatamente essas palavras que garantem o "SIM" como resposta. Você está partindo do pressuposto que venderá apenas se ele concordar com as soluções.

Apenas após responder SIM é que você deve começar a argumentação de cada objeção. Infelizmente, não dá para sugerir argumentações para cada objeção do seu cliente neste artigo porque isso varia de produto para produto e de serviço para serviço, além do mais, você já deve saber argumentar muito bem. O que ensinei agora foi como chutar para o gol no momento certo!

Com esses três passos, que também ensino nos meus treinamentos para vendedores, tenho obtido depoimentos de pessoas que aumentaram em até dez vezes o seu faturamento mensal, empresas que superaram suas metas de vendas por seis meses consecutivos com crescimento constante e muitos outros que você pode conferir no meu site, na seção de depoimentos.

Meu desejo é que você pratique muito. Utilize o acordo condicional, memorize-o, torne-o natural, faça-o com suas palavras. Aproveite as técnicas e bons negócios!

A VENDA POR TRÁS DA VENDA:
DICAS PRÁTICAS E FÁCEIS DO NEUROMARKETING PARA PROFISSIONAIS DE VENDAS

RUDSON BORGES

GIGANTES DAS VENDAS

31

RUDSON BORGES
www.institutorudsonborges.com.br

Palestrante, treinador, empresário e escritor. É um conceitado profissional brasileiro, especialista em vendas, motivação e liderança.

Tecnólogo em Gestão de Negócios, possui MBA em Admistração e Marketing. É Master e Trainer em PNL, Coach Pessoal e Executivo.

Estudioso de Neurociências Aplicadas, Inteligência Emocional e Programas Motivacionais. Autor do livro "Fora da Caixa" e coautor de vários livros na área de negócios e desenvolvimento pessoal.

Apenas 5% das Nossas Compras/Vendas são Conscientes

Seja um Impulsionador, Seja a Motivação Extrínseca para o seu Cliente:

Uma das mais eficientes técnicas que eu conheço para rapidamente despertar desejos e gerar impulsos é a combinação entre três palavrinhas no começo de uma pergunta que envolva o produto ou serviço ofertado ao cliente.

Pergunte: COMO SERIA SE...

– Como seria se este produto fosse seu? Como seria se este serviço prometesse o que cumpre? Como seria se tais benefícios pudessem facilitar a sua vida? COMO SERIA SE...

Essas três palavras geram impulsos para compra, despertam desejo. Quando alguém visualiza algo positivo, pensa e sente algo bom, logo, já não é mais um produto ou serviço que está sendo comercializado; é um sentimento envolvido. Fantástico, né?

Neuromarketing

O Neuromarketing é um tema novo e empolgante, fruto da junção entre a Neurociência e o Marketing, e que através de pesquisas e estudos empenha-se em compreender o funcionamento do cérebro do comprador, o que passou a ser chamado de Lógica do Consumo. Quais regiões cerebrais são ativadas? O que acontece no Sistema Nervoso? Que sensações corpo e cérebro experimentam diante de produtos, embalagens, cores, ambientes e situações de venda/compra?

Citaremos, de maneira objetiva e sucinta, algumas descobertas do Neuromarketing:

Neurônios-Espelho

Em testes realizados com macacos, para entender por que eles imitavam uns aos outros, descobriu-se algo muito importante: Neurônios-Espelho... O que pode explicar não só porque imitamos, mas também sobre a aquisição da linguagem. Estes neurônios (córtex pré-motor e lobo parietal superior) são ativados quando fazemos algo e quando vemos o outro fazer a mesma coisa. Isso explica por que reproduzimos alguns comportamentos e até por que bocejamos quando outros bocejam.

Na prática? Aponte quem já comprou seu produto, mostre fotos, depoimentos, cite pessoas conhecidas que estão satisfeitas com o seu produto.

Lógica ou Razão? Conheça os Motivadores de Compra

Não compramos com o coração, compramos com o cérebro e este pode ser emocional ou lógico, de acordo com conceitos antigos. Para a Neurociência a mente do consumidor se divide em três partes: Lógica, Emocional e Impulsiva. A mente lógica (consciente) representa apenas 5%, enquanto a mente emotiva e a impulsiva representam 95% dos motivadores de compra. Logo, se eu quero vender, devo utilizar habilidades e recursos que sejam inconscientes, que provoquem emoções, uma vez que elas geram os impulsos.

Marcadores Somáticos

Que emoção você agrega naquilo que vende ou oferece?

O produto ou o serviço é um bem adquirido, não é uma sensação ou sentimento. É o valor empregado a ele que faz a diferença, é a emoção sentida no atendimento e na compra que vai marcar. Quer ver? Você talvez não lembre onde esteve há 37 dias, mas sabe onde estava no dia 11 de setembro de 2001. Não é o tempo, é a experiência, é a emoção que marca. O que você faz para ser marcante? Que emoção ou sensação, de tempos em tempos, o seu cliente irá sentir, fazendo-o pensar em comprar novamente com você?

Imagine a emoção negativa, então? Além de criar uma generalização, o cliente não voltará, quer dizer, até pode, mas é improvável. Dificilmente temos uma segunda oportunidade para tirarmos uma primeira impressão. Encante desde o primeiro contato.

Informações e Dicas Úteis para o dia a dia das Vendas Comportamentais

– Um cliente chega, nitidamente com sede, e você, apaixonado e conhecedor do comportamento humano, antes de começar a vender oferece água. Outro cliente está com frio e você gentilmente eleva a temperatura do ar-condicionado. O que está acontecendo? Você está criando um marcador somático, inconscientemente a sua empresa/ loja, será importante e inesquecível para ele. Antes de você vender, já terá ganho o cliente e estas "pequenas ações" visando o bem-estar sensorial servirão de impulso para a compra.

- Use todos os recursos possíveis para dar um show de atendimento: coloque um som ambiente, com música em volume e ritmo agradável (auditivo), deixe o seu ambiente perfumado de maneira que agregue diferencial e vire sua identidade olfativa. Procure sempre usar cores chamativas, mas não agressivas, ou cores que sejam coerentes com a emoção e ideia que você deseja transmitir, capriche no mostruário, se possível tenha televisor e uma vitrine impecável e organizada.

Vários experimentos que utilizaram músicas e cheiros, por exemplo, já provaram que tais estratégias podem aumentar o tíquete médio em até 15%. Você sabia que a famosa rede de lanches rápidos borrifa perfume com cheiro de batatas fritas para atrair mais clientes? Que uma música agitada faz as pessoas saírem rápido de uma loja, enquanto a música lenta faz o contrário? Que uma vinícola, na busca por vender mais vinhos portugueses, punha uma música ambiente lusitana em seu estabelecimento comercial?

Pesquisas mostraram que os olhos dos clientes são atraídos, inconscientemente, primeiro para a boca do vendedor? Isso não significa que você deva usar determinado creme dental, mas reforça a ideia de que um sorriso abre portas, e a falta dele, pode fechar. Aqueles 2,5 segundos? São fundamentais para o cliente.

Você sabia que...

• É possível adotar a estratégia de oferecer três produtos ou serviços, com preços diferentes, colocando como preço intermediário justamente aquele que você deseja vender? Sim, há uma busca pela opção número 2 e pelo preço intermediário, nem tão "ruim" nem tão "caro".

• Profissionais de vendas entendem de gente e vendedores entendem de produtos? E se você tem o produto CERTO, mas é o cliente ERRADO, de que adianta? Estude o Comportamento do Consumidor.

• Mesmo que a intenção de comprar seja consciente (lógica, e de 5%, lembra?), o que realmente será comprado quase sempre é em nível inconsciente? Então a venda agregada e sugestões do vendedor fazem todo sentido. Tem gente que entra para comprar uma gravata e sai com um terno.

• O cliente precisa estar de frente para você, olhando sua boca e seus olhos e você terá mais sucesso se espelhar (imitar) a postura corporal, a respiração e entonação vocal do seu cliente?

• As grandes corporações estão vendendo mais experiência e felicidade do que características do produto. A famosa marca de refrigerantes está superantenada quanto a isso, e não por acaso era possível encontrar o nome personalizado na lata (experiência) e o slogan e as propagandas usam a palavra FELICIDADE.

O que Vender?

Pense numa mulher que compra cosméticos, você realmente pensa que o vendedor deve ficar falando dos testes feitos em laboratórios, da fixação, do peso ou que é a última moda, todas as estrelas usam, com esse cosmético a pele fica mais rejuvenescida e a mulher ainda mais linda, atraente e sedutora? Mulheres não compram batom, não compram sapatos. Homens não compram carros. Mulheres compram emoções e sentimentos... E homens também.

Imagine que eu fui comprar uma furadeira, no entanto, ao testar em casa, descobri que ela não funcionou. Feliz pela beleza e pelas características do produto, eu coloquei em cima de um móvel da sala e pronto, estou satisfeito. Será? Lógico que não, eu iria trocar na hora, pegaria a nota e me dirigiria até a loja, inclusive pensando em falar com o gerente (e, atualmente, até em postar no Facebook). Bom, eu não queria o produto? Já não o comprei? Não, eu queria o furo pra colocar o parafuso (o benefício é este, OK?). Mas eu ficaria olhando para o furo na parede e admirando-o pela sua beleza e por ter sido feito com uma broca número 8? Não. Na realidade o que eu queria era colocar um quadro na parede e ao olhar para este quadro eu sentiria o quê? Emoções, Sensações e Sentimentos. Copiou? Entendeu?

Produtos e serviços são preços, não são valores, por trás de toda venda tem a emoção agregada e cabe ao vendedor detectar essa emoção. Lembre-se de que a emoção para impulsionar a compra do meu vigésimo iMac não é a mesma empregada na compra do iMac pela primeira vez, depois de juntar dinheiro por dois anos. Entendeu? Não se trata de empurrar, mas de compreender, de vender EMOÇÃO, SENSAÇÃO e SENTIMENTO.

Boas Vendas!

Elimine o erro fatal das suas vendas

Sergio Ricardo Rocha

Gigantes das Vendas

32

Sergio Ricardo Rocha
www.sergioricardorocha.com.br

Conhecido como Dr Vendas, é coach, consultor empresarial e palestrante.

Ele vai te ensinar técnicas de vendas que atuam diretamente, cirurgicamente, nos momentos mais importantes de uma venda, onde você normalmente perde a venda.

Fazendo com que você aumente suas vendas, em menos tempo e com menos esforços.

Já treinou mais de 12.700 pessoas, inclusive equipes de vendas de empresas como DELL, Microsoft, OI, Correios, Bradesco, Itaú, Instituto Embelleze, entre muitas outras. Tem centenas de matérias e entrevistas em revistas, jornais, rádios, sites e programas de TV, como no Programa Mais Você, da Ana Maria Braga, da TV Globo e a série O Infiiltrado, do History Channel.

– Tá caro, quero desconto, vou pensar, estou só pesquisando etc., etc...

Se os seus clientes ficam reclamando que o preço está alto, ficam pedindo descontos e você acredita que o preço realmente é o problema, o que eu vou contar agora vai te deixar de cabelo em pé.

Se você estiver falando com seu público-alvo correto, o preço não é o problema. O problema que faz você não vender como gostaria é não fazer o cliente perceber o valor que ele vai receber, pelo preço que ele vai pagar.

Preço é a quantidade de dinheiro que o cliente paga e valor é tudo o que o cliente recebe. Valor é o produto ou o serviço que ele vai levar, mais todas as vantagens e impactos positivos que ele vai receber em várias áreas da vida.

Então, quando o cliente fala que "tá caro", que o preço é alto, que ele quer desconto, o que ele está dizendo é: "Eu não vejo vantagem em pagar esse preço para receber só isso".

Por isso, abaixar os preços não é a melhor estratégia. Para resolver isso, você tem de aumentar o valor que o cliente vai receber.

E esse valor tem que ser visto pelo seu cliente e não por você. Seu produto pode ser excelente para você, mas se o seu cliente não entender isso ele não vai comprar.

Atenção! Seu cliente não compra pelas suas razões, ele compra pelas razões dele. E você tem que descobrir quais são as razões que o fazem comprar.

Deixe-me ser sincero com você: se você ainda está ouvindo esses pedidos de descontos, você ainda não está oferecendo valor suficiente para seu cliente.

E, para você entender mais sobre o que te impede de vender mais, eu quero te contar sobre o erro fatal.

O erro fatal pode parecer simples, mas é por isso que ele é tão perigoso.

Ele acontece quando você perde vendas todos os dias pelas mesmas razões e não resolve. É como se você fosse assaltado todo dia pelo mesmo ladrão, na mesma esquina e sempre no mesmo horário. E não faz nada pra mudar isso.

Essas razões (ou motivos) que fazem o cliente não comprar com você se chamam objeções. Quando você elimina essas objeções durante a conversa com seu cliente, o campo fica livre de problemas para você fazer a venda, ou seja, você elimina o erro fatal.

Você sabe quais são os cinco maiores motivos que impedem seus clientes de comprarem de você?

Se você não tem certeza ou se você não sabe quais são as principais objeções do seu cliente, você acaba de descobrir uma das principais razões que fazem suas vendas não aumentarem como você gostaria.

Quando um profissional tenta vender sem saber as possíveis objeções do seu cliente, sem entender porque ele não quer comprar, é provável que o profissional tenha insegurança, timidez, vergonha e até medo de abordar o cliente e dizer o preço.

Vou te mostrar agora como você pode descobrir as principais objeções do seu cliente e eliminar o erro fatal:

Faça uma lista com o nome de cinco pessoas que compraram de você, e de que você seja mais próximo, com que tenha bom relacionamento, com que você tenha algum tipo de contato pessoal ou por telefone.

Faça contato, explique que você quer ajudar ainda mais os seus próximos clientes e faça as três perguntas abaixo.

1. Qual foi o fator principal que a levou a comprar de você ou a contratar você?

2. O que não poderia ter acontecido e que se acontecesse ela não compraria?

3. Qual era a maior dúvida ou objeção de comprar que ela teve, e o que você falou para eliminar essa dúvida?

Depois, ligue para cinco pessoas que não compraram de você e faça as três perguntas abaixo.

1. O que deveria ter acontecido para que ela tivesse comprado com você? O que faltou? O que a faria ter comprado na hora?

2. Se ela tivesse comprado com você ou com outra empresa, o que não poderia acontecer e que caso acontecesse faria com que ela ficasse muito chateada?

3. O que ela mais gostou e o que ela menos gostou da sua oferta, quando você apresentou seu serviço ou produto?

As respostas de quem não comprou também são muito importantes, porque representam objeções que não foram resolvidas, por isso elas não compraram com você.

Anote todas as respostas com as palavras exatas das pessoas e não ofereça sugestões de respostas. Deixe as pessoas responderem como quiserem, ok?

Depois avalie as respostas que mais se repetiram e identifique o que impediu e estimulou a compra.

As respostas que foram parecidas representam um padrão que provavelmente também irá inibir ou estimular as compras de outros clientes.

Agora você está preparado para identificar as cinco maiores objeções dentre as que foram ditas e criar um argumento para eliminar cada uma delas.

E depois o processo de vendas acontece tranquilamente: eliminando as objeções mais comuns, falando o que o cliente quer ouvir para comprar e gerando valor para que ele perceba receber mais do que está pagando.

Agora é com você. Coloque essas dicas em prática e depois me conte como foram os resultados, ok?

Muitas vendas, muito sucesso e um grande abraço.

A INCRÍVEL "BUCHA"
QUE É SER GERENTE COMERCIAL

Thiago Concer

Gigantes das Vendas

33

Thiago Concer

contato@thiagoconcer.com.br / www.thiagoconcer.com.br

Sócio-diretor do Instituto de Especialização em Vendas. Especialista em Vendas e Gestão de Equipes Comerciais.

Meu amigo gerente de vendas, tudo bem? Um dos assuntos mais interessantes quando falamos de vendas é sobre o GERENTE DE VENDAS.

Esse profissional, que responde por ao menos 80% do resultado de vendas de uma empresa, é O CARA na empresa. Um gestor forte faz vendedores fracos darem resultados, mas uma equipe forte não aguenta um gerente fraco.

Minha pergunta pra você, gestor de vendas, é:

– A sua equipe de vendas atual (sem hora extra) pode vender mais ou ela já vende tudo que pode?

Tenho certeza de que você responde SIM, ela pode vender mais!

Aí eu te faço outra pergunta: – E por que ela não vende?

Em 80% dos casos eu vou acertar a resposta:

– Por causa do gerente de vendas!

O gerente de vendas é um cara com uma BUCHA imensa nas mãos.

Ele não tem muitas tarefas para fazer, mas as que tem são muito árduas. A função de gestor de vendas exige três coisas:

- Contratar vendedores;
- Treinar e avaliar vendedores;
- Motivar vendedores.

É somente isso! Mas o problema é que a maioria comente erros em todas elas e isso causa todo o mau resultado de uma equipe comercial.

Vamos ver esses principais erros.

Contratar Vendedores:

Aqui começa uma equipe de vendas e aqui começam os erros. A maioria dos gerentes contrata somente depois que demite e quando demite estão desesperados e eu nunca vi ninguém fazer negócio bom desesperado.

Eles acabam contratando o que tem mais "jeitão" ou o que o vendedor veterano indica.

No IEVendas, escola que mais forma vendedores no Brasil e na qual sou diretor comercial, nós deixamos o vendedor uns dois meses treinando antes de darmos o cargo oficial para ele. Não podemos soltar o vendedor novo sem ele saber quais são as regras do jogo, o que não permitimos, quais são as soluções de todos os nossos serviços e como se vende cada um deles.

Esse vendedor também passa por um teste psicológico pelo qual avaliamos se ele possui os requisitos que nossa empresa precisa.

Não temos pressa, pois sempre contamos com uma equipe um pouco maior do que precisamos naquele momento. E isso é bom!

Podemos desenhar novos projetos porque sabemos que temos pessoas para tocá-los.

A segunda função do gerente comercial é **TREINAR E AVALIAR OS VENDEDORES:**

Aqui mora um grande problema. A maioria dos gerentes não sabe como e o que treinar com os seus vendedores.

Vendedores chegam com dificuldades em fechamento, prospecção, abordagem, levantamento de necessidade, apresentação de proposta, negociação, pós-venda, ufa... quanta coisa. E o gerente (quando despreparado) só sabe falar que ele precisa vender mais. Lembre-se: "Nunca cobre seus vendedores de algo que você não ensinou a fazer".

Se você o treinou e ensinou como fazer, sua próxima etapa é AVALIAR!

Avaliar é a hora de ver quem está se destacando, quem está evoluindo e quem não quer estar na equipe. Nesse momento o mais importante é VELOCIDADE NAS DECISÕES. Quem não está comprometido não pode ficar. E demitir também faz parte das BUCHAS de um gerente.

Não se esqueça de que grandes resultados dependem de grandes atitudes. Não aceite pessoas medíocres em sonhos grandes!

A terceira e última atividade de um gestor é **MOTIVAR OS VENDEDORES.**

Aqui cabem algumas discussões sobre se é possível motivar alguém ou não. Sobre o que não existe discussão é: o gerente fica sempre em uma situação delicada, pois precisa motivar o vendedor e precisa motivar o dono da empresa. A minha pergunta é: "Quem motiva o gerente?"

Portanto, lembre-se sempre de que nada motiva mais uma pessoa do que ela saber que está preparada para fazer algo. E é essa função de "motivador" que o gerente deve ter.

Recrutar um bom vendedor, dar a ele bons produtos ou serviços para vender, dar um ambiente sadio de trabalho com todas as ferramentas necessárias, pagar em dia, comissão justa e acima de tudo SER justo, porque seus funcionários não esperam que você seja bonzinho o tempo todo, mas eles esperam que você seja JUSTO o tempo todo!

Mesmo com todos esses desafios, ainda assim, é uma verdadeira magia ser um gerente de vendas.

Poder levar seus liderados a patamares de sucesso e realizações os quais nem mesmo eles poderiam imaginar. Ser responsável por transformações nas vidas de todos que por você passam, vendedores, clientes, diretores e presidentes.

Mesmo que seja uma bucha, essa é a sua missão, porque ter sucesso não é fazer o que todo mundo quer fazer, SUCESSO é fazer o que pouquíssimas pessoas estão dispostas e têm coragem para fazer. Portanto, se prepare, assuma as buchas, monte um esquadrão de vendas. Essa é a sua função.

GRANDE ABRAÇO, SUCESSO E BOAS VENDAS!

Televendas: vencendo desafios e quebrando paradigmas

Valquíria Garske

Gigantes das Vendas

34

Valquíria Garske
valquiria@futuremark.com.br

Administradora de empresas, iniciou sua carreira na área de serviços, onde foi gestora de telemarketing das empresas Zero Hora, Provedor Terra (terceirizado pela Atento Brasil) e atuou no marketing de relacionamento da Unimed Porto Alegre.

Há 12 anos atua como consultora no setor da indústria, até o momento implantou aproximadamente 200 projetos de telemarketing na área de vendas, em diversos segmentos, sendo dois deles fora do Brasil.

Entre seus clientes já estiveram Duratex/Hydra, Lâmpadas FLC, Oxford Porcelanas, Gama Italy, Tecnoperfil Plásticos, Famastil Taurus, Brinox/Coza, Franzoi Ferramentas, Pulvitec, Bellagres Cerâmica, Viqua, Unifix, Soprano, Higiban, Cajovil, Cortilester, FB do Brasil, Renner Têxtil, MCFil Chile, Delly Brazil Alimentos, Calçados Bottero do Chile, O. Mustad & Son, Embrax, Atco Coberturas, Bemco Embalagens, Tuper Plásticos, e outros.

Hoje em dia já se sabe que um telemarketing focado em vendas incrementa os resultados da área comercial e funciona muito bem como um complemento da equipe de vendas tradicional.

Por outro lado, quando a gente se coloca na posição de cliente, na maioria das vezes em que pensamos em telemarketing lembramo-nos dos operadores despreparados, das abordagens desastrosas, scripts robotizados e telefonemas em horários impróprios. Sem falar naquele número que liga todos os dias e, quando você atende, desliga.

Considerando a evolução que tivemos na tecnologia e o quanto o mercado está dinâmico, podemos dizer que, apesar de todos esses problemas e reclamações de clientes, este já é um canal estratégico hoje dentro da equipe comercial pelos resultados que ele entrega, apesar de tudo. Até porque, há como superar tudo isso e fazer um verdadeiro customer care utilizando telemarketing como ferramenta. Se não fosse assim, grandes e inteligentes empresas não estariam investindo mais e mais nesse canal.

Além de ser muito mais produtivo – um operador consegue falar com 30 a 40 compradores num dia enquanto um vendedor externo ou representante quando faz mais de dez visitas num dia é porque não está tendo um dia produtivo e de resultados - o telemarketing também resolve muito bem o problema da abrangência, chegando naquelas regiões onde a empresa não tem atuação, seja por falta de força de vendas ou por baixo desempenho, bem como é sinônimo de acessibilidade, pois as tecnologias cada vez mais inovam na forma de atender ao cliente, por telefone, por e-mail, por e-commerce e até pelos aplicativos de comunicação por mensagem de texto e voz.

Mesmo assim, implantá-lo não é tão simples quanto parece. O canal tem características bem diferentes dos canais presenciais.

No ano de 2003 implantei o primeiro telemarketing em uma indústria de produtos químicos que os vendia para revendas de materiais de construção. Minha experiência até então era com os call centers de serviços – editorial, internet, saúde – e foi um grande desafio adaptar as técnicas usadas nessas centrais à realidade da indústria.

Como não existiam cases na época, muitos paradigmas precisaram ser quebrados, soluções inventadas e conflitos solucionados, mas até hoje existem poucas referências de qualidade para os gestores que querem implantar um telemarketing ou profissionalizar uma iniciativa já começada.

Neste capítulo procurei reunir os aspectos que mais precisam ser considerados na hora de estruturar um projeto assim. O objetivo aqui é dividir conhecimento, esclarecer dúvidas e destacar os principais pontos que precisam ser considerados na hora de estruturar o seu projeto, para que ele tenha êxito e entregue os resultados financeiros que promete.

1. Planejamento e Dimensionamento

Um projeto de telemarketing tem muitos custos fixos: pessoal, telefonia, tecnologia – portanto, um bom planejamento é essencial para garantir o ROI (Return on Investment).

Além disso, por ser um canal com características diferenciadas, é necessário pensar bem sobre tudo e mapear os processos, para que se possa minimizar ao máximo os problemas e os resultados apareçam de imediato.

Para elaborar um planejamento eu sempre envolvo as áreas de RH, comercial, TI e financeiro, ao menos.

Meu planejamento começa sempre pelo dimensionamento – um estudo de quantas pessoas vão compor a equipe e uma previsão de vendas. Sempre me preocupo mais com a previsão de vendas que com o número de pessoas, pois esse é um exercício de buscar o melhor ponto de equilíbrio. E como alguns custos não mudam conforme o tamanho da equipe – implantação de software, central, gestão – muitas vezes dois operadores a mais num projeto podem significar muito na redução do custo de venda.

Para fazer o cálculo da previsão de vendas eu uso uma fórmula bem complexa, que combina a capacidade produtiva dos operadores, o aproveitamento das chamadas, taxas médias de conversão e tíquete médio.

Esse cálculo está explicado na videoaula que acompanha este artigo.

2. Conciliação dos Canais de Vendas

Um dos temas mais polêmicos é esse: quando o presidente da empresa vê o cálculo que aprendemos a fazer na videoaula, de quanto um televendas pode trazer de resultado, ele quer implantar na hora. Mas não podemos desconsiderar o impacto que essa implantação tem nos demais canais de vendas e é muito importante pensar como eles vão se relacionar.

Se a empresa tem representantes, essa relação fica ainda mais complexa, pois será preciso avaliar se os contratos estão adequados, se eles permitem que outro canal de vendas atue na região do representante.

Se forem contratos que oferecem algum tipo de exclusividade é possível alterá-los, mas você terá de resolver tudo isso antes de inserir um televendas atuando na região dos seus representantes ou poderá ter problemas jurídicos depois.

Já existem muitos cases no mercado e eu sempre recomendo que você faça um benchmarking com outras empresas de segmento semelhante ao seu para entender como eles procederam nessa situação.

Outra questão importante a considerar é o risco do conflito entre as áreas gerar turnover. Na videoaula apresentei alguns modelos que podem ser adotados e falei dos prós e contras de cada um. Se a sua empresa tem uma marca consolidada, não precisa se preocupar muito com isso, pois é provável que a equipe de vendas não queira arriscar seu contrato e o conflito fique mais administrável. Mas, numa empresa menor, esse risco precisa ser considerado.

Vá pra planilha de cálculos e avalie a viabilidade de adotar um plano com remuneração mista ao menos, que irá reduzir bastante o nível de conflito.

3. Legislação

O próximo fator superimportante é a legislação que rege esse canal: a NR17, que impacta tanto sobre o aspecto trabalhista quanto na estrutura física que precisa ser disponibilizada para essa equipe trabalhar.

Como é uma atividade relativamente nova, seu jurídico ou RH precisa ficar bem atento pois a lei vem sofrendo atualizações constantes. Em 2007 ela teve uma grande revisão e tramitam no Congresso mais algumas que podem ser aprovadas a qualquer momento.

Na videoaula esclareci algumas dúvidas comuns sobre o tema, como a questão da carga horária reduzida. Está lá o meu conselho: não adianta querer dar um "jeitinho". Cumpra a legislação e usufrua do benefício de ficar à vontade para cobrar os principais indicadores, como a produtividade, por exemplo.

Tive muitos clientes que já haviam começado uma operação, e quando me chamaram não estavam satisfeitos com os resultados. Chegando lá o cenário geralmente era comum: operadores (disfarçados com outros nomes para não caracterizar telemarketing) trabalhando 8 horas por dia, mas com baixíssima produtividade, fazendo 10 ou 20 ligações no máximo, muito envolvidos com tarefas administrativas, tudo isso porque a empresa queria descaracterizar a legislação.

Meu principal projeto em todos os casos, que chegou a gerar mais de 200% de incremento em mais de uma empresa, foi imediatamente fazer o contrário: caracterizar como telemarketing – reduzir a carga horária, implantar processos de telemarketing (mailing, discador, gravação) e cobrar produtividade, pois os resultados são apenas consequência, como você verá na videoaula esse é um canal onde os números são muito importantes e devem ser monitorados na ponta do lápis. Se a taxa de conversão fica a mesma mas aumentamos a produtividade, consequentemente aumentamos as vendas sem sequer treinar mais a equipe – simples assim.

Veja o depoimento de um operador em uma reunião, um ano depois da mudança: "Eu olhei quanto eu tinha vendido nessa mesma época ano passado, trabalhando o dobro do tempo e pensei: Meu Deus!, como meu resultado conseguia ser tão ruim???" E depois disso, quando perguntei se ele conseguiu descobrir a principal diferença, ele respondeu: "Claro, agora tem dias que ligo tanto que nem converso com meus colegas".

Organize sua estrutura para que não haja turnover, ofereça um ambiente ergonômico, que você irá atrair uma boa mão de obra, pois ainda tem gente explorando muito essa atividade e os melhores operadores ficam nas empresas que oferecem as melhores condições – é a lei de mercado, não tem jeito.

A boa notícia é que uma operação assim vai se pagar.

4. TECNOLOGIA

Outro ponto que considero essencial é a automatização do processo. Existem ferramentas de custo acessível que agregam muito valor à operação. Para mim o "kit" tecnológico básico de uma operação é composto de CRM com discador integrado, gravador de chamadas, VOIP (voz sobre IP) e, se a empresa tiver receptivo, um 0800 que já não está mais tão caro assim e ainda oferece um apelo muito forte.

O discador, como você vai ver na videoaula, incrementa a produtividade em até 60%, ele se paga com certeza. E o CRM será essencial para que a equipe não tenha que se auto-organizar.

O gravador vai ajudar no controle de qualidade e permitir que você ouça o que seus clientes estão falando, é uma ótima ferramenta para o marketing, uma pesquisa viva e on time dentro da empresa.

E o VOIP vai ajudar a economizar no custo de telefonia, que precisa ser bem negociado e monitorado de perto.

O 0800 está muito mais barato porque hoje existem até empresas que vendem somente 0800. E ainda tem um apelo muito positivo perante os clientes.

5. Estratégias de Vendas

Agora vamos para uma parte importantíssima do projeto. Vender por telefone é muito mais difícil que fazer uma venda presencial, porque é impessoal, não tem o recurso do produto em mãos para apresentar e a comunicação apenas falada está muito mais sujeita aos problemas de comunicação e interpretação pela falta do apelo visual.

Eu torço muito para que as tecnologias de videoconferência se popularizem para que num curto espaço de tempo a gente possa vender por vídeo e não apenas por fala, reduzindo a barreira da aproximação entre cliente e televendedores.

Enquanto não chegamos lá, eu tenho algumas dicas de estratégias bem-sucedidas:

a) Para clientes inativos, começar perguntando por que ele não comprou mais é uma das melhores estratégias: 70% dos motivos em média serão porque ele não foi mais visitado ou contatado pela empresa, e essa objeção é muito fácil de converter.

b) Para clientes novos, eu sempre sugiro que a empresa tenha um "combo", uma oferta pronta para apresentar. Porque se mandamos um catálogo, para fazer follow-up depois, corremos o risco de perder o momento da venda, aquele momento em que o cliente estava envolvido com a abordagem. Nesses casos, o site da empresa precisa estar muito bem, fácil de navegar, pois uma estratégia que pode ser usada pelos operadores é convidar o cliente a navegar no site com ele em linha. Outro item importante é um catálogo eletrônico leve e atrativo, ou um bom e-mail marketing que faça o cliente ter vontade de olhar no site.

Mas voltando ao "combo", eu gosto dele principalmente quando a empresa tem muitos itens. Nesse caso eu geralmente sugiro que se faça uma sugestão de pedido, levando-se em consideração o tíquete médio dos clientes novos e dividindo o valor entre alguns itens que têm bom giro. Você pode perder de vender algum item que você venderia se desse mais tempo para o cliente estudar o catálogo, mas as taxas de conversão melhoram muito porque não se perde o "time" da venda, quando o cliente está ali atento ao operador.

Se a venda é para o varejo, eu também sugiro que a empresa tenha um material de PDV que já seja enviado junto com o primeiro pedido. Sabemos que sem a presença do vendedor na loja o giro do produto pode ser prejudicado. O material de ponto de venda irá ajudar o cliente a expor o produto e fazer a compra girar. E nós sabemos que nem sempre o lojista valoriza a importância desse material. Por isso, incorporar uma campanha em que ele seja beneficiado se enviar a foto da loja decorada, por exemplo, com um desconto no próximo pedido, pode ajudar que o material não fique guardado no depósito.

Se você está aí pensando que tudo isso é custo, pode parar de pensar! Vai sair muito mais barato – e o cliente vai ficar muito mais satisfeito – se você der pra ele esse desconto, do que se tiver que mandar alguém lá para ajudá-lo a instalar o material de PDV ou se não mandar o material e ele ficar com o produto lá encalhado porque não foi bem exposto.

Por fim, eu quero lembrá-lo de que quando falamos de telemarketing não estamos falando apenas de telefone. Ter um site que funciona, alguém para ler e responder e-mails, um atendimento via chat ou aplicativo de celular, atuar bem nas redes sociais são todas ferramentas que podem ser levadas para dentro do call center.

Quero alertá-lo para uma situação bem importante: nós temos um televendas na minha empresa de consultoria, que telefona para grandes empresas oferecendo nossos serviços. Em nosso CRM temos um registro de que mais de 20% dos telefones DDR (aqueles de discagem direta para o ramal do colaborador) não atendem e não transbordam para uma telefonista, não possuem também uma caixa postal para se deixar recado. Em pleno século XXI é inadmissível que existam empresas que não atendem ao telefone.

Nós também testamos os e-mails corporativos divulgados nos sites das empresas: 46% estão errados!!! E 99% não respondem!!!

Eu sugiro que você teste hoje os canais de telecomunicações da sua empresa e se certifique de que eles estão funcionando. Vai lá num provedor gratuito, cria um e-mail e faz um cliente oculto. Boa sorte...

6. Treinamento da Equipe

Por fim e não menos importante vem o treinamento da equipe, que precisa ser muito bem pensado e planejado. Minha programação sempre contempla esses itens a seguir e dura no mínimo 40 horas:

a) **Treinamento Institucional:** onde eu sempre incluo as regras do setor, que falam, por exemplo, do horário de produzir e do horário para fazer atividades administrativas (se é que essa equipe vai ter atividade administrativa), se é permitido ou não usar celular, das regras para faltas ou atrasos e por aí vai. Essa é uma atividade que geralmente envolve um time de pessoas em maior número e sabemos que precisamos ter regras para que tudo funcione bem.

b) **Treinamento de Produto:** lembrando que quando a equipe vai vender por telefone ela precisa "tangibilizar" o produto, pois nem sempre o cliente entenderá certas características. Portanto, isso precisa ser bem pensado. Veja este exemplo: uma empresa em que implantamos um televendas vendia pipetas para inseminação de suínos. O cliente que ainda não conhecia esse produto perguntava: "Como é essa pipeta?" E a operadora bem treinada respondia com tranquilidade e firmeza: "É um frasco plástico que imita o órgão sexual do suíno macho, disponível em três opções de tamanho".

O exemplo bem divertido é para mostrar que, quanto mais simplificamos a apresentação do produto, mais fácil será para o cliente entender e, consequentemente, comprar.

Então aqui vai um exercício de tangibilização, que muitas vezes precisa ser testado, e quanto menos técnico for, melhor.

c) **Treinamento de Técnica de Vendas:** meu módulo tem 12 horas de duração e passa por todas as etapas da venda com sugestão de scripts para a equipe estudar: abertura, sondagem, apresentação do produto ou oferta, contorno de objeções e negociação e, por fim, fechamento. Além disso, sempre treinamos pós-vendas nas empresas onde a equipe vai formar carteira e dar continuidade nos contatos.

d) **Tabela de Preços:** por incrível que pareça essa é uma das etapas mais difíceis, principalmente na indústria, por causa dos impostos. E eu acho muito importante a equipe dar o preço em linha, pois mandar cotação é de novo perder o "time" da venda. Sendo assim, eu sugiro sempre que possível que a supervisão da equipe venha com esse conhecimento, pois eles precisarão muito nos primeiros dias, mesmo depois de muito treinamento. E que exista uma ferramenta que facilite o cálculo rápido do preço.

e) **Sistemas:** treinamento didático, print de telas e passo a passo para a equipe estudar.

f) **Simulações:** eu costumo fazer um dia de simulações, já usei inclusive um mailing falso num cliente, em que ligamos para os colaboradores da empresa como se fosse para valer, e foi uma experiência muito valiosa.

g) **Ergonomia:** a NR17 exige e eu entendo que é bem importante que o profissional saiba se cuidar, para que ele fique com sua saúde em dia e tenha uma boa qualidade de trabalho. Nesse treinamento ensina-se a usar o mobiliário, cuidados com a voz, postura e exercícios que podem ajudar no relaxamento dos músculos, após um turno sentado numa cadeira digitando e usando head set.

h) **Linguagem:** eu sempre incluo no meu treinamento uma explicação do que é gerúndio e porque ele não é adequado ao mundo dos negócios, demonstro os principais erros de linguagem que já ouvi por aí (tenho minha lista de pérolas) e disponibilizo o alfabeto fonético para que a equipe tenha uma solução em mãos na hora de soletrar ao telefone, evitando o uso de palavras chulas buscadas na hora do improviso.

Chego ao fim deste capítulo me sentindo prestigiada por você ter apreciado esse tema e espero que ele te agregue valor, ampliando o seu conhecimento e fornecendo insights para que seus resultados sejam cada vez melhores.

Como especialista no tema eu sou convicta de que telemarketing é o melhor meio para incrementar as vendas, com resultados rápidos e uma boa relação custo x benefício. E com certeza, pensando nessa geração hiperconectada que temos hoje em dia, temos que nos preparar para que num curto espaço de tempo telefone e internet se tornem nossos principais canais de vendas.

Sendo assim, eu desejo muito sucesso nos seus projetos e que você colha bons frutos usando esse canal para alavancar suas vendas.

O que você entende por vendas B2B?

Wanderley Cintra Júnior

Gigantes das Vendas

35

WANDERLEY CINTRA JÚNIOR
wanderley@evoluirsempre.com.br

Vendedor, psicólogo, pedagogo, especializado em avaliação do desempenho.

Vender para empresas é um desafio muito grande, em média um empresário recebe em sua empresa mais de 235 ofertas de vendedores e fornecedores por mês. Isso nos faz pensar em dois pontos:

1) Ele está bem treinado em negociar.

2) Se você usar técnicas parecidas com os outros 234, vai ser difícil fazer negócios com ele.

Principalmente por este motivo decidi escrever sobre este tema, para ajudar você a fazer algo que faço há mais de 20 anos, DIFERENCIAR, isso mesmo, sempre inovar nas técnicas para atuar em clientes B2B. Eu percebi que ao fazer isso, nem que seja por curiosidade, o cliente fica sempre atento ao que eu digo, mas pra minha felicidade a taxa de conversão é alta; ou seja, fazendo o cliente ter a atenção ao meu cliente e produto, consigo despertar o interesse dele também para meu serviço.

Pra chegar nesse ponto fiz alguns estudos e aprimorei algumas técnicas, vamos a elas?

Quais são os objetivos de uma empresa quando abre suas portas?

a) Aumentar os lucros

b) Diminuir custos

c) Ganhar tempo

E seu produto ou serviço atende a alguns desses objetivos?

Pensei bem antes de responder, e mais do que seu serviço fazer isso acontecer, você precisa fazer seu cliente perceber que sua empresa oferece essa solução – e como oferece.

Se você não sabe analisar como fazer isso, vou te dar uma dica simples:

1. Grave seu atendimento, isso mesmo! Pegue seu celular, hoje todo celular grava voz. Depois disso, pegue o arquivo, vá para um lugar tranquilo e ouça com cuidado, com carinho e seja crítico. Você vai se decepcionar no começo, mas use isso como trampolim, pense que, se você tem muito a melhorar, imagine como isso pode se transformar em resultados.

Agora vou te desafiar!

2. Muitas das melhores vendas não começam no ambiente de vendas. O que isso quer dizer? Eu aprendi nessa caminhada em vendas que muitas das melhores vendas que eu fiz foram fora do ambiente de vendas, foi em um almoço, shopping, congresso, no salão de beleza. E alguns grandes empresários que conheço também usam essa técnica. Respire vendas o tempo todo, procure analisar detalhes no seu dia a dia, fale para as pessoas o que você faz, o que vende.

3. **A terceira dica é: fale com quem decide.** Muito dos esforços em vendas são desperdiçados quando não conseguimos que o decisor da compra esteja na nossa apresentação. Pra melhorar isso, coloque como foco na prospecção descobrir quem é o decisor da compra.

4. **Seja sedento por indicações.** Quem vende melhor seu produto ou serviço, você ou seu cliente? Seu cliente, claro. Então proponho que você faça uma lista de cinco clientes altamente satisfeitos que indicariam seu serviço ou produto. Depois de ter os nomes em mãos, pegue o telefone e ligue para eles, faça um pós-venda. Se na ligação você sentir que a avaliação sobre sua empresa e sobre você foram positivas, não se acanhe e peça essa indicação.

5. **Leve seu cliente para sua visita.** O melhor vendedor do mundo é seu cliente, ele não ganha comissão, não tem benefícios, não trabalha na sua empresa. Quem você acha que é mais confiável pra dizer se o produto ou serviço que vocês prestam é bom, ele ou você? Leve seu cliente em forma de depoimentos colhidos no pós-venda, por exemplo.

6. **Fale menos e ouça mais.** Existe uma frase cuja autoria é atribuída a diversos autores e de que gosto muito: "Quando você fala, só repete o que sabe; quando escuta tem muitas chances de aprender alguma coisa". E em uma venda o objetivo é entender o que o cliente precisa e, se você falar mais do que o cliente, como vai descobrir isso?

Bom, foram muitas dicas, você tem muito o que pensar depois da leitura.

Vá lá, pense, analise o que precisa mudar e mude!

Com certeza você vai aumentar suas vendas!

Gigantes G das Vendas

VAGAS LIMITADAS!

CONGRESSO ONLINE DE VENDAS

De 11 a 15 abril de 2016

Inscreva-se Agora

www.gigantesdasvendas.com.br

VendaMais

Alcance o Topo do $ucesso. **Seja um gigante.**